Berlin
Früher und Heute

DEM DEUTSCHEN VOLKE

Berlin
Früher und Heute

KOMET

Inhalt

Text: Christa Pöppelmann
Gesamtproducing: twinbooks, München
Gesamtherstellung: KOMET Verlag GmbH, Köln

ISBN 978-3-86941-099-9

www.komet-verlag.de

U
U-Bhf. Kurfürstendamm

OMSK
ALMATY
TASCHKENT
NOWOSIBIRSK
KRASNOJARSK
IRKUTSK
ULAN-BATOR
22
23
24
1
2
3
4
5
KARACHI
RANGUN +30'
DHAKA
BANGKOK
PHNOM PENH
JAKARTA
PEKING
SHANGHAI
MANILA
PERTH
HONGKONG
KUALA LUMPUR
SINGAPUR
TOKYO
SEOUL
ALEXANDER

Einleitung

Bunte Stadt an der Spree – „Berlin ist dazu verdammt, immerzu zu werden und niemals zu sein", konstatierte der Kunsthistoriker Karl Scheffler (1869–1951) in den „Goldenen Zwanzigerjahren". Die Aussage hat bis heute nichts von ihrer Gültigkeit verloren. Wie kaum eine andere deutsche Stadt lebt Berlin heute noch von seiner wechselhaften Vergangenheit.

Kamen Besucher vor zehn Jahren noch zur Begutachtung des Fortgangs an den vielen Baustellen in die Stadt, stehen heute die Ergebnisse dieser Projekte – wie etwa der neue Hauptbahnhof und das fertiggestellte Regierungsviertel – auf dem Besichtigungsplan. Viele historische Bauwerke stehen heute nicht mehr. So zeugen von der einstigen Gründerzeitpracht des Potsdamer Platzes und der menschenverachtenden Mauer, die Berlin so lange teilte, heute oft nur noch Spuren. So ganz verschwunden ist jedoch kaum etwas von dem, was man mit Berlins Vergangenheit verbindet. Zeugnisse der reichen Geschichte lassen sich auch heute noch im Stadtbild entdecken.

Wer Berlin besucht, beginnt seine Besichtigung zumeist am Brandenburger Tor. Ein idealer Ausgangpunkt: Schließlich ließen die preußischen Könige das Bauwerk am Ende des 18. Jahrhunderts errichten, um Besucher in ihrer Hauptstadt willkommen zu heißen. Die mittelalterliche Stadt erstreckte sich gerade einmal von der Neuen Wache bis hin zum Alexanderplatz. Im Verlauf der Neuzeit bildete sich ein Ring von Vorstädten rund um die Stadtmauern. Das Brandenburger Tor im Westen, das Hallesche Tor im Süden, das Schlesische Tor im Osten und das Oranienburger Tor im Norden markieren die einstige Zollmauer und damit die Stadtgrenzen, die Berlin bis ins 19. Jahrhundert aufwies.

In der Folgezeit erlebte Berlin ein Wachstum, das die Stadt aus allen Nähten platzen ließ. Im wirtschaftlich fortschrittlichen Preußen sorgte die industrielle Revolution für rasante Umwälzungen. Vor den Stadttoren siedelten sich zahlreiche Industriebetriebe an, um die herum neue Wohngebiete für die Arbeiter entstanden. Offiziere und wohlhabende Bürger ließen sich in Villenvororten nieder, die oft auf halbem Weg zu den Garnisonsstandorten Potsdam, Spandau oder Köpenick lagen. Nach der Reichsgründung im Jahr 1871 erhielt Berlin seine heutige, facettenreiche Gestalt mit der Bezirkseinteilung. Im Zentrum der neu entstandenen Großstadt ließ Kaiser Wilhelm II. zeittypische Prunkbauten wie den Berliner Dom oder die Gedächtniskirche am Breitscheidplatz errichten.

Nach den Zerstörungen des Zweiten Weltkriegs nutzte man sowohl im West- als auch im Ostteil Berlins die weiträumig öden Flächen, um moderne Renommierbauten erstehen zu lassen: vom Kongresszentrum ICC über die Philharmonie bis hin zur heutigen Karl-Marx-Allee. Berlins wiedergewonnene Rolle als Bundeshauptstadt nach der Wiedervereinigung sollten schließlich auch entsprechende Repräsentationsbauten unterstreichen. Das neue Regierungsviertel, edle Einkaufstempel entlang der Friedrichstraße und auf dem „Alex" sowie hypermoderne Firmensitze am Potsdamer Platz entstanden.

Am eindrucksvollsten lassen sich die Geschichten von den Veränderungen der Stadt durch packende Bilder erzählen. 70 Bildpaare in diesem Band dokumentieren Wandel und Kontinuität, machen Berliner Stadtgeschichte lebendig und bieten Stoff zum Nachdenken über die Zukunft. Die eindeutige Sprache, die die einzelnen Bildpaare in ihrem Nebeneinander sprechen, ermöglicht den Blick auf eine verborgene Vergangenheit und lässt die Gegenwart in einem neuen Licht erscheinen. Entdecken Sie Berlin, wie es vielfältiger und bemerkenswerter nicht sein könnte – früher und heute.

Ein Buch, das nachdenklich macht – Bilder, die uns die Augen öffnen.

Weltzeituhr am Alexanderplatz Berlin ist am Puls der Zeit. Die Spreemetropole knüpft nach der Wiedervereinigung an ihr unvergleichliches Flair als Weltstadt und als pulsierende Metropole heute wieder an, für das sie bereits in den „Goldenen Zwanzigerjahren" des letzten Jahrhunderts berühmt war.

Der schönste Blick Die Glas- und Stahlkuppel auf dem Dach des Reichstagsgebäudes entstand nach Plänen des britischen Architekten Sir Norman Foster und ermöglicht eine grandiose Aussicht über die Stadt sowie faszinierende Einblicke in den Plenarsaal des Bundestages.

Vom neuen Regierungsviertel bis zum Schlossplatz

Altes und neues Machtzentrum Schon zu kurfürstlichen Zeiten befand sich am Schlossplatz das Machtzentrum Berlins, und entsprechend großartig wurde der Boulevard Unter den Linden im Laufe der Zeit ausgestaltet. Das immer noch renovierungsbedürftige Schloss auf der rechten Seite am Ende der Schlossbrücke und der linkerseits liegende Dom zeugen heute noch davon. Etwas außerhalb des Zentrums mit seinen königlichen Prachtgebäuden haben die Bauten der Demokratie ihren Platz gefunden: Sowohl der Reichstag als auch das neu geschaffene Regierungsviertel westlich des Brandenburger Tors sind viel besuchte Anziehungspunkte.

Regierungsviertel
Vom Trümmerfeld zum Sitz von Abgeordneten und Kanzler

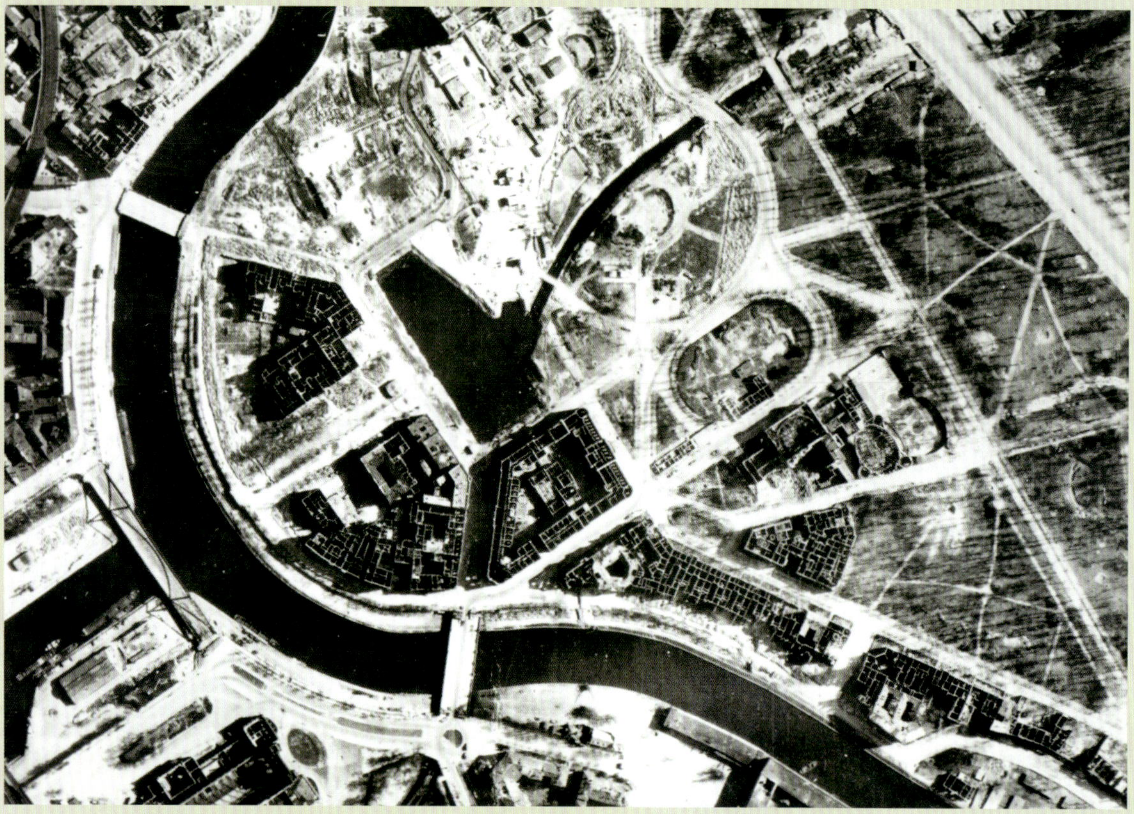

Das Band des Bundes 2009 bietet sich dem Betrachter aus der Luft ein beeindruckender Blick über die inzwischen fertiggestellten Gebäude im Parlamentsviertel. Vollendet wurde das sogenannte „Band des Bundes" mit der feierlichen Einweihung des Marie-Elisabeth-Lüders-Hauses links im Bild im Dezember 2003. Die doppelstöckige Brücke über die Spree, die den im früheren Ostberlin gelegenen Neubau, in dem unter anderem die Parlamentsbibliothek untergebracht ist, mit dem Paul-Löbe-Haus im früheren Westberlin verbindet, vollzieht auch symbolisch die Vereinigung von Ost und West. In unmittelbarer Nähe des Regierungsviertels liegt auf dem Gebiet des einstigen Lehrter Bahnhofs der neue Berliner Hauptbahnhof (unten im Bild), der nach achtjähriger Bauzeit im Mai 2006 eröffnet wurde.

März 1945 Ein Luftbild, aufgenommen von einem Flugzeug der Alliierten, zeigt den Berliner Spreebogen. Oben im Bild ist das Reichstagsgebäude zu sehen, der kreisrunde Platz davor ist der einstige Königsplatz, auf dem früher die Siegessäule stand. Rund um den Platz sind Aushubarbeiten zu erkennen, denn im Spreebogen sollte nach Vorstellungen Adolf Hitlers die Große Halle seiner Welthauptstadt Germania stehen. Die Halle, die den Reichstag zum Winzling gemacht hätte, sollte im Wesentlichen aus einer 320 Meter hohen Kuppel bestehen – dem größten Kuppelbau der Welt, wäre er realisiert worden. Im Innenraum des Gebäudes, das für nationalsozialistische Festakte genutzt werden sollte, hätten fast 200 000 Menschen Platz gefunden.

Die neue Machtzentrale entsteht 1998 sind im Spreebogen neue Bauarbeiten im Gange: Nach der deutschen Wiedervereinigung entsteht hier das neue Regierungsviertel, dessen Baufortschritt sich zu dieser Zeit am besten von einem der Ausflugsdampfer aus beobachten lässt. Es ist nach dem Potsdamer Platz die zweitgrößte Baustelle Berlins. Rechts im Bild entsteht das Bundeskanzleramt, links werden zu beiden Seiten der Spree die Abgeordnetenhäuser errichtet. Zwischen den Gebäuden wird ein Park angelegt. Unterirdisch werden ein Straßen- und ein Eisenbahntunnel sowie eine U-Bahn-Röhre gegraben.

Brandenburger Tor

Wahrzeichen der Einheit Deutschlands

23. Februar 1990 Das Bild einer Übergangszeit: Bis zum Beitritt zur Bundesrepublik Deutschland am 3. Oktober 1990 existierte die DDR, und das Brandenburger Tor stand auf der Grenze zwischen zwei Ländern – auch wenn bereits am 9. November 1989 die ersten zehn Grenzübergänge zwischen DDR und BRD geöffnet worden waren. Am 22. Dezember 1989 wurde – unter dem tosenden Jubel der Menge – das Brandenburger Tor geöffnet. Während Berlins symbolträchtigstes Tor vor diesem Zeitpunkt noch hermetisch verschlossen war, war die Ein- und Ausreise hier problemlos möglich. Erbaut worden war das Brandenburger Tor in der Zeit zwischen 1788 und 1791 im klassizistischen Stil, zu dessen Avantgarde Preußens Architekten gehörten. Mit dem Bau wollte König Friedrich Wilhelm II. (1744–1797) den aus Richtung Westen kommenden Besuchern gleich beim Eintritt in die Stadt die Modernität und Weltoffenheit seines Reichs demonstrieren.

Gemeinsamer Trubel statt trennender Grenze Zur Fußballweltmeisterschaft 2006 drängen sich bis zu 1 Million Menschen auf der Straße des 17. Juni, die von den Fußballbegeisterten nur „Fanmeile" genannt wird, am Brandenburger Tor vorbei. Sechs Wochen lang ist die Straße, die durch den Tiergarten auf das Brandenburger Tor zuläuft und Teil der großen Ost-West-Achse Berlins ist, für den Autoverkehr gesperrt und mit Großleinwänden bestückt, obwohl kritische Stimmen meinen, es schade der Würde des nationalen Wahrzeichens, wenn es durch Bühnen, Leinwände oder gigantische Werbeposter verdeckt werde. Doch nicht nur zur WM ist die schnurgerade Straße durch das Brandenburger Tor beliebt. Während der Besatzungszeit fanden hier Truppenparaden statt, zwischen 1989 und 2003 und nochmals im Jahr 2006 tobte auf dieser Strecke regelmäßig am ersten Juni-Wochenende die Love-Parade und jedes Jahr am 31. Dezember findet hier die größte Sylvesterparty Deutschlands statt.

Französischer Dom

Restaurierte deutsch-französische Geschichte

24. Mai 1944 Mitten am Tag steht der Französische Dom am Gendarmenmarkt, von schweren Luftangriffen der Alliierten getroffen, in Flammen. Der „Dom" ist ein überkuppelter Turm, den Friedrich der Große (1712–1786) 1785 vor die Französische Friedrichstadtkirche hatte setzen lassen. Das Gleiche gilt für den „Deutschen Dom", der dem Französischen gegenübersteht. Beim Bau der beiden „Dome" ging es dem „Alten Fritz" rein um die ästhetische Wirkung – große Zweckmäßigkeit hatten die beiden Türme nie. Die dazugehörigen Kirchen waren hingegen schon rund 80 Jahre früher entstanden – die eine für die deutsche Gemeinde des Viertels „Friedrichstadt", die andere für die Hugenotten – Glaubensflüchtlinge aus Frankreich, die wesentlichen Anteil am rasanten politischen, wirtschaftlichen und kulturellen Aufstieg Preußens im 17. Jahrhundert hatten.

Der Dom erstrahlt in neuem Glanz Die schweren Schäden des Zweiten Weltkrieges wurden erst in den 1980er-Jahren beseitigt. Die Restaurierung des ebenfalls beschädigten Deutschen Doms, der heute eine Ausstellung über den schweren Weg Deutschlands hin zur Demokratie beherbergt, dauerte gar bis 1996. Heute befindet sich im Turm des Französischen Doms in luftiger Höhe von 20 Metern ein Restaurant. Von dort aus genießt man einen herrlichen Blick auf die Stadtmitte. Im Erdgeschoss informiert hingegen ein Museum über die Geschichte der Hugenotten. In der dazugehörigen Kirche werden – im Gegensatz zur „Deutschen Kirche" – auch heute noch Gottesdienste abgehalten. Aber schon allein wegen ihrer ästhetischen Wirkung gelten die Zwillingskuppeln als ein „Muss" für jeden Berlinbesucher.

Gendarmenmarkt
Später Wiederaufbau

1946 Nach dem Krieg sieht der Gendarmenmarkt, einer der schönsten Plätze Berlins, recht traurig aus. Sowohl das Konzerthaus (links) als auch der Deutsche und der Französische Dom, die das Gebäude an den Schmalseiten des Platzes flankieren, wurden von Bomben getroffen und schwer beschädigt. Seinen Namen erhielt der Gendarmenmarkt von einem Elite-Regiment der preußischen Armee, den „Gens d'Armes", die hier im 18. Jahrhundert ihre Stallungen unterhielten. 1773 ließ Friedrich der Große diese entfernen und den Platz repräsentativ umgestalten: Die Kirchen der französischen und deutschen Gemeinde erhielten ihre identischen Kuppeltürme und wurden so zu „Domen". Ab 1800 entstand hier das Deutsche Nationaltheater, das spätere Konzerthaus.

Teures Pflaster Nach dem Krieg dauerte es einige Zeit, bis die DDR-Führung sich des zerstörten Gendarmenmarkts annahm. Das Konzerthaus wurde erst zur 750-Jahr-Feier Berlins im Jahr 1984 wieder aufgebaut, die Restaurierung der beiden „Dome" dauerte gar bis in die späten 1990er-Jahre. Anlässlich der 250-Jahr-Feier der Akademie der Wissenschaften, die ihren Sitz gegenüber dem Konzerthaus hatte, war der Platz in „Platz der Akademie" umbenannt worden. Nach der Wiedervereinigung erhielt er jedoch seinen alten Namen zurück. Heute ist der Gendarmenmarkt wieder ein städtebauliches Schmuckstück und unter anderem dafür bekannt, dass sich hier einige der teuersten und angesagtesten Restaurants, Cafés und Läden Berlins befinden.

Neue Wache

Vom Wachhaus zur Gedenkstätte

Um 1900 Wie die kolorierte Postkarte zeigt, war die Neue Wache schon zur Zeit der Jahrhundertwende eine Attraktion und die Wachablösung zog immer wieder zahlreiche Schaulustige an. Die Wachstation wurde zwischen 1816 und 1818 nach Plänen des Architekten Karl Friedrich Schinkel (1781–1841) erbaut und gilt als eines der bedeutendsten Bauwerke des Klassizismus. Auch zuvor schon hatte hier, am Eingang des königlichen Schlossbereichs, ein Wachhaus gestanden, dieses wirkte jedoch neben dem von Andreas Schlüter (1660–1714) geplanten, 1729 vollendeten benachbarten Zeughaus eher unscheinbar. Schinkel schuf ein schlichtes Gebäude, das aber die antike Formensprache für ein militärisches, funktionales Bauwerk perfekt aufgriff.

Wachaufzug 1988 Die Einwohner Ostberlins beobachten gespannt den Exerzierschritt der Ehrenkompanie des Wachregiments „Friedrich Engels", begleitet vom Stabsmusikkorps und dem Spielmannszug der Stadtkommandantur. Auch während der DDR-Zeit waren die jeweils Mittwoch und Samstag um 14.30 Uhr stattfindenden Wachaufzüge vor dem Schinkelbau ein Anziehungspunkt für die Passanten. Besonders Touristen aus dem Westen amüsierten sich insgeheim über den akkuraten Stechschritt der Soldaten. Das 1962 aufgestellte Wachregiment 1 war eine Einheit der Nationalen Volksarmee und war neben der Bewachung von NVA-Gebäuden in Ostberlin auch mit repräsentativen Aufgaben betraut. Drei der insgesamt sieben Kompanien waren als Ehrenwache an der Neuen Wache und für den Wachaufzug abgestellt. Durch den Sonderstatus Berlins, wonach hier nur alliierte Truppen stationiert sein durften, war das Regiment, das zusammen mit dem Streifendienst der Stadtkommandantur in der Friedrich-Engels-Kaserne am Kupfergraben stationiert war, formal dem Stadtkommandanten unterstellt.

Der unbekannte Soldat Bereits während der Weimarer Zeit wurde die Neue Wache zum Denkmal für die Gefallenen des Ersten Weltkriegs umgewandelt. Die DDR-Führung machte daraus im Jahr 1968 ein „Mahnmal für die Opfer von Faschismus und Militarismus" und setzte hier einen „unbekannten Soldaten" und einen namenlosen KZ-Häftling bei, die hier symbolisch für alle nicht namentlich bekannten Soldaten und Widerstandskämpfer geehrt werden sollten. Heute ist die Neue Wache die „Zentrale Gedenkstätte der Bundesrepublik Deutschland für die Opfer von Krieg und Gewaltherrschaft".

Prinzessinnen-Palais
Alte Architektur mit neuem Innenleben

Heute ein Restaurant Immer noch mit dem Kronprinzenpalais verbunden, ist das Prinzessinnenpalais in den 1960er-Jahren restauriert worden. Außen präsentiert es sich im alten Gewand, die Innengestaltung wurde hingegen den neuen Anforderungen angepasst: Heute befindet sich in den einstigen Wohnräumen der preußischen Prinzessinnen das Restaurant „Opernpalais Unter den Linden", weshalb das Gebäude heute allgemein meist als Opernpalais bezeichnet wird. Im einstigen Prinzessinnengarten, der das Palais von der Staatsoper Unter den Linden trennt, können die Gäste heute Kaffee und Torte genießen.

1946 Das Prinzessinnenpalais erscheint in der Zeit unmittelbar nach Ende des Zweiten Weltkriegs schwer vom Krieg gezeichnet. Seinen Namen erhielt es, als zu Beginn des 19. Jahrhunderts Charlotte, Alexandrine und Luise, die Töchter von Preußens König Friedrich Wilhelm III. (1770–1840) und seiner schönen Gemahlin Luise von Mecklenburg-Strelitz (1776–1810), hier lebten, bevor Charlotte Zarin von Russland, Alexandrine Großherzogin von Mecklenburg-Schwerin und Luise Prinzessin der Niederlande wurden. 1733 waren zwei Wohnhäuser an der Straße Unter den Linden zu dem barocken Palais umgebaut worden. Friedrich Wilhelm III., der selbst mit seiner Frau im benachbarten Kronprinzenpalais residierte, ließ eine Verbindung zwischen den beiden Gebäuden herstellen, um seine Töchter besuchen zu können, ohne das Haus verlassen zu müssen. In der Folgezeit wurde das Palais auch von anderen Mitgliedern der königlichen Familie genutzt. So hatte etwa die Mutter Kaiser Wilhelms II. (1859–1941), die englische Prinzessin Victoria (1840–1901), hier ihren Witwensitz.

Altes Museum

Ein Stück Griechenland auf der Museumsinsel

1898 Die kolorierte Fotografie zeigt den Blick von der oberen Etage des Stadtschlosses aus über den Lustgarten auf das Alte Museum. Es ist der vorderste und zugleich älteste Bau der berühmten Berliner Museumsinsel. Zwischen 1825 und 1828 hatte Karl Friedrich Schinkel (1781–1841) das Schloss im Stil der damals so beliebten griechischen Antike als „Königliches Museum" für die Kunstsammlungen des preußischen Monarchen Friedrich Wilhelm III. (1770–1840) gebaut. Bald schon reichte es jedoch für die Beherbergung der umfangreichen Sammlungen nicht mehr aus und neue Museumsgebäude mussten errichtet werden. Hinter dem Alten Museum lassen sich bereits das Neue Museum und die Nationalgalerie erspähen; auch das Pergamon- und das Bodemuseum befanden sich zu dieser Zeit schon im Bau.

Archäologische Grabungen Während der Nazi- und der anschließenden DDR-Zeit war der Lustgarten vor dem Alten Museum ein gepflasterter Aufmarschplatz. Nach der Wiedervereinigung wurde er im ursprünglichen Stil restauriert. Bei den Arbeiten stießen Mitarbeiter des Archäologischen Landesamts Berlin auf neue Museumsstücke: archäologische Funde aus der Zeit der früheren Besiedlung. Man befindet sich hier auf historischem Boden, denn die Museumsinsel ist Teil der mittelalterlichen Stadt Cölln, die 1307 mit dem benachbarten Altberlin rund um den Alexanderplatz zum heutigen Berlin vereinigt wurde. Vor dem Alten Museum finden sich Überreste eines mittelalterlichen Dominikanerklosters, das 1747 abgerissen wurde.

Publikumsmagnet Antikensammlung Seit 1904 beherbergt das Alte Museum die Antikensammlung des Preußischen Kulturbesitzes. Dies passt auch zum Inneren, das der Architektur des Pantheons in Rom und anderer Gebäude der römischen Antike nachempfunden ist. Von 2005 bis 2009 waren hier allerdings die Ägypter zu Besuch: Im Obergeschoss residierte die schöne Herrscherin Nofretete inmitten anderer bedeutender Kunstwerke des alten Ägyptens und machte das Alte Museum so in besonderer Weise zum Publikumsmagneten. 2009 zog die berühmte Büste der Pharaonengemahlin aus dem 14. Jahrhundert v. Chr. ins restaurierte Neue Museum um.

FRIDERICVS GVILELMVS III STVDIO ANTIQVITATIS OMNIGENAE ET ARTIVM LIBERALIVM MVSEVM CONSTITVIT MDCCCXXVIII

FRIDERICVS GVILELMVS III STVDIO ANTIQVITATIS OMNIGENAE ET ARTIVM LIBERALIVM MVSEVM CONSTITVIT MDCCCXXVIII

Lustgarten
Erholungsanlage mit vielen Gesichtern

Oase für Erholungsuchende Seit 1999 können sich müde Touristen, denen von ausgedehnten Besuchen der Museumsinsel, des Berliner Doms oder der Prachtstraße Unter den Linden schon die Füße schmerzen, auf den Rasenflächen des Lustgartens ausruhen. Die Grünanlage zwischen Dom und Altem Museum wurde nach der Wiedervereinigung neu gestaltet. Gelegentlich wird die große, freie Grünfläche heute auch für Kunstinstallationen genutzt.

3. Februar 1933 Im Lustgarten vor dem Berliner Dom inszenieren Anhänger der NSDAP eine pompöse Trauerfeier für den SA-Sturmführer Hans Maykowski, der am Abend des 30. Januar, des Tages der „Machtergreifung", bei einer Straßenschlacht in Charlottenburg erschossen worden war. Im selben Jahr, gerade einmal vier Tage nach der nationalsozialistischen Trauerfeier, wagten etwa 200 000 Nazigegner – ebenfalls im Lustgarten – eine Demonstration gegen das neue Regime. 1936 wurde die im Wesentlichen vom preußischen Landschaftsarchitekten Peter Joseph Lenné (1789–1866) konzipierte Anlage, die schon während der Weimarer Republik beliebter Treffpunkt für Massenveranstaltungen gewesen war, endgültig zum gepflasterten Aufmarschplatz.

Rote Fahnen vor dem Dom Wie die Nationalsozialisten zuvor nutzten auch die kommunistischen Machthaber den Platz in der Stadtmitte Berlins bevorzugt als Aufmarschplatz. Anlässlich der zweiten Parteikonferenz der SED am 11. Juli 1952 demonstrierten Parteimitglieder ihre Verbundenheit mit dem „großen Bruder" Sowjetunion und marschierten mit Lenin- und Stalinplakaten vor dem Berliner Dom auf.

Berliner Dom
Die neue alte Hauptkirche

1954 Die Sozialistische Einheitspartei Deutschlands (SED) hielt ihre Maifeiern auf dem Marx-Engels-Platz vor dem Berliner Dom ab. Der Hauptkirche Berlins sieht man zur DDR-Zeit die Kriegsschäden noch deutlich an. Immerhin hat sie im Vorjahr eine Notbedachung erhalten, sodass die Gottesdienste nun nicht mehr in der Gruftkirche stattfinden müssen. Erst 1975 wird die Sanierung beginnen, die sich – was das Äußere betrifft – bis 1982 hinzieht und im Dominneren bis 1993 andauert. Der Berliner Dom war auf Anordnung Kaiser Wilhelms II. (1859–1941) erbaut worden, dem die Vorgängerkirche, ein relativ kleiner und schlichter klassizistischer Bau des Architekten Karl Friedrich Schinkel (1781–1841), zu wenig imposant war. Vielen Kunstkritikern wiederum ist hingegen der heutige reich verzierte wilhelminische Dom, eine Stilmischung aus Neobarock und Hochrenaissance, zu protzig.

Prunkbau und Touristenmagnet Heute ist der Dom wieder die Hauptkirche Berlins. Wenn wichtige Staatsakte von einem Gottesdienst begleitet werden, findet dieser in der Regel hier statt. Zudem ist das Gotteshaus in unmittelbarer Nähe zur Museumsinsel ein Touristenmagnet: Im Inneren gibt es so manches zu entdecken, z. B. die 2002 restaurierten Kuppelmosaiken, die Hohenzollerngruft, in der rund 90 Vertreter der preußischen Herrscherdynastie in ihren Sarkophagen ruhen, oder den Kuppelumgang, von dem aus man einen großartigen Blick auf das Zentrum der Hauptstadt hat. Was man von außen nicht ahnt: Im Dom befinden sich gleich zwei Kirchen; die imposante, zentrale Predigtkirche und eine kleinere, schlichtere Tauf- und Traukirche.

Palast der Republik
Das Aus für „Erichs Lampenladen"

2002 Die düsteren Wolken, die 2002 über dem Palast der Republik aufzogen, hatten fast schon eine symbolische Bedeutung. Vorerst wurde der DDR-Vorzeigebau nur asbestsaniert, doch die Diskussion um den Abriss war schon in vollem Gange. Viele wünschten sich einen Wiederaufbau des alten Stadtschlosses der Hohenzollern, das einst in der Zeit vor der DDR-Regierung an dieser Stelle gestanden hatte. Andere wehrten sich vehement gegen die Wiederauferstehung des alten Symbols der preußischen Herrschaft und des Wilhelminischen Kaiserreichs. Zudem verbinden viele DDR-Bürger auch positive Erinnerungen mit „Erichs Lampenladen" oder dem „Palazzo Prozzo", wie der Palast der Republik oft spöttisch genannt wurde: Schließlich beherbergte er nicht nur die DDR-Volkskammer, sondern auch mehrere Veranstaltungsräume und Restaurants, in denen zahlreiche Familienfeiern und legendäre Konzerte, wie etwa 1983 der Auftritt von Udo Lindenberg mit seinem „Sonderzug nach Pankow", stattfanden.

Problematischer Abriss Trotz anhaltender Proteste beginnt – gemäß Bundestagsbeschluss – 2006 der „Rückbau" des Palastes. Bis zuletzt hatten viele zumindest für einen Aufschub gekämpft. Die alternative Künstlerszene hatte den entkernten Palast als Event-Location entdeckt und wünschte sich eine Zwischennutzung bis zum Baubeginn des Humboldtforums, eines Forums für Kultur, Kunst und Wissenschaft, das hinter drei rekonstruierten Außenfassaden des ehemaligen Berliner Stadtschlosses entstehen soll. Doch die Befürworter des neuen Schlosses wollen Zeichen setzen. Einfach ist der Abriss allerdings nicht. Zum einen findet sich trotz der erfolgten Sanierung in einzelnen Bauteilen immer noch gefährlicher Asbest, zum anderen besteht die Gefahr, dass der Abriss des Gebäudes auch zu gravierenden Beschädigungen an den Fundamenten des benachbarten Doms führen könnte.

Warten auf den Neubau Ende 2008 war der Abriss des Palastes der Republik abgeschlossen, doch zum Zeitpunkt dieser Aufnahme vom August 2010 ist der geplante Neubau mit den rekonstruierten Fassaden des ehemaligen Berliner Schlosses in weite Ferne gerückt: Im Juni 2010 hatte die Bundesregierung den Beginn des Baus, in dem das Humboldtforum seinen Platz finden soll, aufgrund von Sparplänen bis 2013/14 verschoben. Den Architektenwettbewerb zum Bau des Forums hatte im November 2008 der Italiener Francesco Stella gewonnen. 2009 war ein juristischer Streit um den Vertrag mit Stella entbrannt, den die Vergabekammer des Bundeskartellamtes schließlich für ungültig erklärte. Ende 2009 erklärte das Düsseldorfer Oberlandesgericht jedoch den Ausschreibungsgewinn für rechtmäßig. Die Gesamtkosten für den Neubau werden auf rund 550 Millionen Euro geschätzt.

Berliner Stadtschloss
Zerstörung, Ersetzung und Rückbau

1945 Nach dem Zweiten Weltkrieg liegt das ab 1699 vom Barockarchitekten Andreas Schlüter (1662 oder 1664–1714) erbaute Berliner Stadtschloss in Trümmern. Schwere Bombenangriffe im Februar 1945 hatten es vollständig ausbrennen lassen. Ein Wiederaufbau war jedoch möglich. Einzelne Räume machte die DDR-Führung anfangs auch teilweise wieder nutzbar, entschied sich dann aber 1950 gegen die kostspielige Sanierung des Schlosses, das als ein Symbol von Absolutismus und Monarchie angesehen wurde. Noch im selben Jahr wurden die Überreste des Schlosses gesprengt. An seiner Stelle entstand von 1973 bis 1976 der damals hochmoderne Palast der Republik. Das einstige Schlossportal, von dem aus der Sozialist Karl Liebknecht (1871–1919) in seiner berühmten Rede am 9. November 1918 versucht hatte, die „sozialistische Republik" auszurufen, integrierte man in die Fassade des DDR-Staatsratsgebäudes, das von 1962 bis 1964 an der Südseite des Schlossplatzes errichtet wurde.

Umstrittener Wiederaufbau 2007 ist es der Palast der Republik, von dem nur noch Trümmer vorhanden sind. Nach heftigen Diskussionen beschloss der Bundestag im Jahr 2003, das Äußere des alten Stadtschlosses wiedererstehen zu lassen. Der Innenraum soll das Humboldtforum, Museen, Bibliotheken und wissenschaftliche Sammlungen beherbergen. Obwohl die Finanzierung des Baus noch nicht gesichert ist, wird 2006 mit dem Abriss des DDR-Palasts begonnen.

HBG

Neptunbrunnen

Geschenk für den Kaiser an neuem Ort

Um 1900 Vor der Fassade des Berliner Stadtschlosses sprudelt der Neptunbrunnen. Schon Karl Friedrich Schinkel (1781–1841), der große Baumeister des Klassizismus, war der Ansicht, den Schlossplatz solle ein monumentaler Brunnen zieren, doch Kaiser Wilhelm I. (1797–1888) lehnte dieses Ansinnen ab. Erst nach seinem Tod ließ der Magistrat von Berlin die Brunnenpläne umsetzen und machte den Brunnen im Jahr 1891 Wilhelms Enkel Wilhelm II. (1859–1941) zum Geschenk. In der Mitte des Brunnens, den die Berliner wegen Neptuns hoch aufragendem Dreizack respektlos „Forken-Brunnen" nannten, thront der Meeresgott mit seinem Gefolge, den Brunnenrand säumen Allegorien der vier Flüsse Elbe, Oder, Rhein und Weichsel.

Umzug auf den „Alex" Heute findet man den Neptunbrunnen auf dem Alexanderplatz gegenüber dem Berliner Rathaus. Der Brunnen hatte den Krieg nur leicht beschädigt überstanden, wurde jedoch 1950, als das Stadtschloss gesprengt wurde, abgebaut und eingelagert. Die Schäden an den Bronzefiguren wurden im Kunstgusswerk in Lauchhammer ausgebessert. 1969 stellte man den Brunnen anlässlich der Einweihung des Fernsehturms am Alexanderplatz wieder auf. Das kleeblattförmige Brunnenbecken aus rotem Granit wurde allerdings neu gestaltet.

Wegen Überfüllung geschlossen Kurz nach dem Mauerfall 1989 nutzten viele DDR-Bürger die neue Freiheit zu einem Kurzbesuch in Westdeutschland. Wie hier am Kurfürstendamm kam es vielerorts in Westberlin zu einem regelrechten Massenansturm.

Die City West und der Tiergarten

Wo das Herz Berlins schlägt Die Gegend rund um den Ku'damm und den Bahnhof Zoo wuchs den Westberlinern während der Teilung der Stadt als ihr neues Zentrum ans Herz. Seinen Aufschwung hatte der „Neue Westen" um 1900, als sich im heutigen Stadtteil Charlottenburg vor allem das betuchte Bürgertum ansiedelte. Der Ku'damm war zu dieser Zeit eine Vergnügungsmeile mit Geschäften, Cafés, Kinos und Varietés. Nach der Wiedervereinigung schon totgesagt, ist er jedoch heute wieder so belebt wie vor hundert Jahren. Von der City Ost ist das westliche Zentrum der Stadt durch den Großen Tiergarten getrennt, nach dem Englischen Garten in München die zweitgrößte innerstädtische Parkanlage Deutschlands.

Hansaviertel

Renovierung zum architektonischen Vorzeigeviertel

1945 Wo vor dem Krieg das gehobene Bürgertum gewohnt hatte, herrscht nun Ödnis. Das im Spreebogen nordwestlich des Tiergartens gelegene Hansaviertel ist völlig zerstört. Nach der Reichsgründung 1871 hatten findige Unternehmer das morastige Gelände aufwendig trockenlegen lassen und den Bau eines gediegenen Wohnviertels begonnen. Der Name „Hansaviertel" sollte mit seinem Verweis auf die mittelalterliche Hanse gerade betuchte Hamburger ansprechen, die aus geschäftlichen Gründen in die neue Hauptstadt zogen und dort zentral, aber ruhig wohnen wollten. Ein königlicher Erlass verbot jegliche Gewerbebauten und eine Bauweise mit mehr als drei Geschossen, was jedoch nicht immer eingehalten wurde. Dennoch unterschied sich das Hansaviertel mit seiner gehobenen Wohnarchitektur nach hanseatischem Vorbild und Ein- und Mehrfamilienhäusern im Landhausstil fundamental von dem Arbeiterbezirk Moabit, der gleich nördlich der Spree begann.

Preiswerte Stararchitektur Wieder aufgebaut wurde das Hansaviertel zur Bauausstellung Interbau im Jahr 1957. Größere Wohnblocks sollten sich in aufgelockerter Umgebung mit viel Grün um die zentralen Einrichtungen wie Läden, U-Bahn und Kindergarten gruppieren. Für die Planung der einzelnen Häuser wurden einige der berühmtesten Architekten der damaligen Zeit gewonnen: Oscar Niemeyer, Walter Gropius, Alvar Aalto, Egon Eiermann und Max Taut. Die Stararchitekten durften ihrer Schaffensfreude allerdings nicht freien Lauf lassen, sondern mussten Bauten planen, die mit den knappen Mitteln, die für den sozialen Wohnungsbau zur Verfügung standen, errichtet werden konnten. Auch wenn der Baustil von damals inzwischen überholt ist, gilt das Hansaviertel noch heute als Vorzeigeprojekt der Nachkriegsmoderne.

Ku'damm

Ausgehboulevard und exklusive Einkaufsstraße

Um 1930 Anfang der 1930er-Jahre hatte der Kurfürstendamm mit seinen exklusiven Läden, Theatern, Kinos und vielen Caféhäusern der alten Prachtstraße Unter den Linden im Stadtzentrum den Rang abgelaufen. Ursprünglich war die Straße im Berliner Westen nur ein Reitweg, den der preußische Kurfürst nutzte, wenn er sein Jagdschloss im Grunewald besuchte. Doch als mit der Reichsgründung auch das Viertel Charlottenburg einen Boom erlebte, war es Kanzler Otto von Bismarck (1815–1898) persönlich, der den Ausbau zum über 50 Meter breiten Prachtboulevard – ähnlich den Champs-Élysées in Paris – durchsetzte. Hier traf sich das betuchte Bürgertum von Charlottenburg und Wilmersdorf, aber auch viele Künstler frequentierten in den „Goldenen Zwanzigerjahren" die Cafés und Theater entlang des dreieinhalb Kilometer langen Ku'damms.

Shopping- und Jubelmeile Die deutsche Wiedervereinigung hat den Ku'damm zunächst hart getroffen: Das ehemalige Stadtzentrum mit „Linden" und Friedrichstraße eroberte seine alte Vormachtstellung zurück. Aber weder die Straße Unter den Linden mit ihrem Mangel an großen Kaufhäusern noch die enge Friedrichstraße eignen sich für den Einkaufsbummel so wie der breite Ku'damm, sodass dort inzwischen viele neue, exklusive Läden eröffnet wurden. Allerdings gibt es deutlich weniger Cafés, Kinos, Theater und Varietés als zu den Glanzzeiten in den „Goldenen Zwanzigern". Nach wie vor beliebt ist der Ku'damm hingegen für hupende und mit Fahnen geschmückte Autokorsos nach gewonnenen Fußballspielen, wie zuletzt zur Zeit der Weltmeisterschaft im Jahr 2006.

Kranzler-Eck

Neues Gesicht nach der Wende

1960 Das Kranzler am Ku'damm mit seinem runden Obergeschoss und den rot-weißen Markisen ist eines der bekanntesten und exklusivsten Cafés Westberlins. Hier treffen sich seit 1932 Prominente und Gutbetuchte. Ursprünglich war es nur eine Filiale des damals schon legendären, an der Ecke Unter den Linden/Friedrichstraße beheimateten Cafés Kranzler, das der Wiener Konditor Johann Georg Kranzler (1795–1866) im Jahr 1834 eröffnet hatte. Im Zweiten Weltkrieg wurden jedoch beide Cafés zerbombt. Im Osten blieb Kranzler Geschichte, im Westen kam das Café zuerst in einem provisorischen Bau unter, bevor 1958 der Architekt Hanns Dustmann (1902–1979) das Kranzler-Eck mit der charakteristischen Rotunde erbaute.

Verglaste Verkaufsflächen Nach der Wende war zunächst über den vollständigen Abriss der Altberliner Institution am Kranzler-Eck diskutiert worden, doch der Denkmalschutz bewahrte die markante Rotunde am Kurfürstendamm vor dem Verschwinden. Die Untergeschosse jedoch wurden vom Architekten Helmut Jahn, der auch das Sony Center am Potsdamer Platz entworfen hat, zu großen, gläsernen Verkaufsflächen für einen bekannten Bekleidungskonzern umgebaut. Wer sich den Weg durch Kleiderständer und Regale nach oben bahnt, kann in der erhalten gebliebenen Rotunde weiterhin in gediegener Umgebung Kaffee und Kuchen – und dazu den Blick über den Ku'damm – genießen. Mittlerweile haben jedoch anstelle der Reichen und Berühmten Berlins vermehrt Touristen, die den Mythos Kranzler erfahren wollen, die Örtlichkeit für sich entdeckt.

Theater des Westens
Wechselvolle Geschichte

Um 1900 Das Theater war die große Leidenschaft des aus Sachsen-Anhalt stammenden Architekten Bernhard Sehring (1855–1941), und so entschloss sich der damals 40-Jährige im Jahr 1895, zusammen mit einem Kompagnon auf dem Kohlenplatz der Meierei Bolle im aufstrebenden Charlottenburg unweit des Bahnhofs Zoo ein eigenes Theater zu errichten und zu betreiben. Der Erfolg ließ jedoch zu wünschen übrig, sodass Sehring sich schon bald darauf verlegte, in seinem „Theater des Westens" Opern und später Operetten aufzuführen. Damit war eine Marktlücke gefunden: Enrico Caruso, Maria Callas, Hans Albers und Josephine Baker feierten hier glanzvolle Auftritte. Unterdessen erbaute Sehring weitere Theater, die er allerdings nicht selbst betrieb. Sein letztes großes Werk war ein Tanzpalast unmittelbar neben seinem Theater, aus dem 1949 der traditionsreiche Delphi-Filmpalast wurde.

Beschädigung, Wiederherstellung, Modernisierung und Umbau Nahezu genauso prunkvoll wie zu früheren Zeiten wirkt das Theater des Westens heute. Dabei hat es eine wechselvolle Geschichte hinter sich. Nachdem das Gebäude erstmals aufgrund von Beschädigungen durch einen Brand am 25. August 1912 wiederhergestellt werden musste, wurde es Ende des Zweiten Weltkriegs von Bomben getroffen, wobei vor allem das Dach, das Foyer und der Verwaltungsbereich schwer beschädigt wurden. Nach einem vereinfachten und provisorischen Wiederaufbau in den Jahren 1945 und 1950 wurde das Theater 1962 modernisiert und umgebaut. 1978 restaurierte man nach Originalplänen den Zuschauerraum. Eine innere und äußere Sanierung, Rekonstruktion und Modernisierung folgte in den 1980er-Jahren. Seit 2003 gehört das heute wieder innen wie außen prachtvolle alte Musiktheater der niederländischen Stage-Entertainment-Gruppe, die Musicaltheater in ganz Europa betreibt, in denen sie ihre eigenen Produktionen zur Aufführung bringt. In den letzten Jahren liefen im Theater des Westens Musicals wie „Tanz der Vampire", „Der Schuh des Manitu" und „We Will Rock You".

Bahnhof Zoo

Zentraler Bahnhof im Herzen Westberlins

1906 Der Bahnhof direkt neben dem Zoologischen Garten in Berlin-Charlottenburg ist um die Jahrhundertwende bereits ein wichtiger Verkehrsknotenpunkt. 1882 wurde der Bahnhof, ursprünglich lediglich für Vorortzüge erbaut, zusammen mit der Stadtbahn eröffnet. Die Hochtrasse, die auf Viaduktbögen, Brücken und Dämmen vom Schlesischen Bahnhof (später Ostbahnhof) aus durch das Zentrum nach Charlottenburg und von dort weiter nach Potsdam führte, hatte vor allem den Zweck, die vielen Berliner Kopfbahnhöfe schnell und bequem miteinander zu verbinden. Schon zwei Jahre später fuhren jedoch auch Fernzüge den Bahnhof Zoo an, 1902 wurde er an das Berliner U-Bahn-Netz angebunden.

Abgekoppelt Am 27. Mai 2006 war es so weit: Der letzte ICE-Zug hielt planmäßig am Bahnhof Zoo. Nach Fertigstellung des neuen Berliner Hauptbahnhofs entschied sich die Deutsche Bahn AG, den Fernverkehr am Standort Zoologischer Garten einzustellen. Die Verantwortlichen ließen sich auch durch den heftigen Protest, der vor allem vonseiten der Westberliner kam, nicht erweichen. Diese wollten „ihren" Hauptbahnhof aus den Zeiten der deutschen Teilung nicht missen – auch wenn dieser oft genug negative Schlagzeilen gemacht hatte: etwa als Treffpunkt von Drogendealern und minderjährigen Prostituierten, wie es Christiane F. in ihrem Bestseller „Wir Kinder vom Bahnhof Zoo" beschrieben hatte.

Gedächtniskirche
Kriegsruine als Denkmal

Mahnende Synthese Als Nebeneinander von neu und alt steht das architektonische Ensemble rund um die Gedächtniskirche heute auf dem Breitscheidplatz, der den Mittelpunkt der Westberliner City bildet. Seit 1961 sind die Reste der alten Gedächtniskirche von einem vom Architekten Egon Eiermann (1904–1970) geschaffenen modernen Gebäudeensemble eingefasst. Dezent gruppieren sich neue Kirche, Kapelle, Turm und Foyer um die Ruine, deren Namen nun eine neue Bedeutung zukommt: Statt vornehmlich an den einstigen preußischen Kaiser zu erinnern, dient die Gedächtniskirche heute vielmehr der Erinnerung an die Schrecken des Zweiten Weltkriegs.

1905 Das Äußere der Kaiser-Wilhelm-Gedächtniskirche erinnert ein wenig an die bekannten spätromanischen Kirchen des Rheinlands, doch das Gotteshaus am Westberliner Breitscheidplatz war 1905 gerade einmal 10 Jahre alt. Kaiser Wilhelm II. (1859–1941) hatte sie als Ort des Gedenkens an seinen 1888 verstorbenen Großvater Wilhelm I. (1797–1888) errichten lassen. Der Hauptturm des monumentalen Bauwerks war mit seinen 113 Metern der höchste der Stadt, im Kircheninneren inszenierten Goldmosaiken bedeutende Ereignisse der deutschen Geschichte und glorifizierten die Person des vom Enkel hochverehrten „Heldenkaisers" Wilhelm I.

Kriegsruine 1945 präsentierten sich der Tauentzien und die Gedächtniskirche als Trümmerlandschaft. Bombenangriffe im November 1943 hatten die Kirche größtenteils zerstört. Dennoch wehrten sich viele Westberliner gegen einen Abriss des maroden Gebäudes. So schlug der Streit um die Gedächtniskirche nach Kriegsende hohe Wellen: Während die einen für eine restlose Beseitigung des einstigen wilhelminischen Prachtbaus waren, wünschten sich die anderen eine Integration der Ruine in einen Kirchenneubau.

Kaufhaus des Westens

100-jährige Tradition stetigen Wachstums

Um 1900 Türmchen und Zierrat täuschen: Das erst wenige Jahre alte, pompöse Gebäude am Wittenbergplatz ist kein Palais oder öffentliches Gebäude, sondern ein Mietshaus, denn für die betuchte Kundschaft, die sich entlang des Tauentzien niederlässt, ist nur das Beste gut genug. Doch die Bewohner Charlottenburgs staunen nicht schlecht, als der Prachtbau 1905 schon wieder niedergerissen wird. Der Kaufmann Adolf Jandorf (1870–1932) will ausgerechnet hier in einer Wohngegend „jottwede", also „janz weit draußen" vom Berliner Zentrum aus gesehen, sein sechstes, größtes und luxuriösestes Warenhaus errichten.

Doch der Erfolg gibt ihm recht: Nicht nur Charlottenburg, sondern auch Wilmersdorf und Schöneberg explodieren förmlich, und die neuen Bewohner sind genau die richtige Kundschaft für das am 27. März 1907 eröffnete noble „Kaufhaus des Westens", einen Shopping-Tempel nach US-amerikanischem Vorbild, in dem es auch einen Teesalon, eine Leihbibliothek, einen Friseursalon, eine Bank und ein Fotoatelier gibt.

Umbau als Jubiläumsgeschenk Die letztmaligen Umbauarbeiten am kompletten Gebäude dauern von 2004 bis zum 100-jährigen Jubiläum im Herbst 2007. Auch noch im Jubiläumsjahr ist die Anziehungskraft des KaDeWe ungebrochen. Nach wie vor ist es das größte Kaufhaus nicht nur Deutschlands, sondern des gesamten europäischen Kontinents. Auf rund 60 000 Quadratmetern Verkaufsfläche werden rund 380 000 verschiedene Waren feilgeboten – wer noch mehr Auswahl wünscht, muss schon nach London zu Harrods reisen. Täglich wird der Konsumtempel von etwa 50 000 Menschen besucht – in der Vorweihnachtszeit sind es sogar rund 100 000. Zwar werden nicht alle, die das Kaufhaus betreten, auch zu Kunden, die meisten Berlinbesucher aber wollen das bekannteste Warenhaus Deutschlands zumindest einmal gesehen haben.

KaDeWe – Lebensmittelabteilung

Verkaufsgestaltung im Wandel des Zeitgeschmacks

Um 1950 Mit adretten Häubchen gekleidet, bedienen die Verkäuferinnen des KaDeWe ihre betuchte Kundschaft mit Wurstspezialitäten aus aller Welt. Schon bald nach ihrer Einrichtung im Jahr 1920 entwickelte sich die Feinkostabteilung zum Aushängeschild des gut sortierten Warenhauses. Allein die Präsentation der Waren und die luxuriöse Ausstattung fielen aus dem Rahmen, so etwa die Fischabteilung, die, ebenso edel wie hygienisch mit Marmor verkleidet, mit oft noch weitgehend unbekannten Meeresspezialitäten zur Erweiterung des kulinarischen Horizonts anregte. Gerade nach den Entbehrungen der Kriegsjahre stilisierte man im Westteil Berlins das KaDeWe mit seiner opulenten Lebensmittelabteilung zu einem Aushängeschild der wirtschaftlichen Fortschrittlichkeit der westlichen Welt, das die Überlegenheit der westdeutschen Marktwirtschaft gegenüber dem Mangel im sozialistischen Osten Berlins und in der gesamten DDR augenfällig demonstrieren sollte.

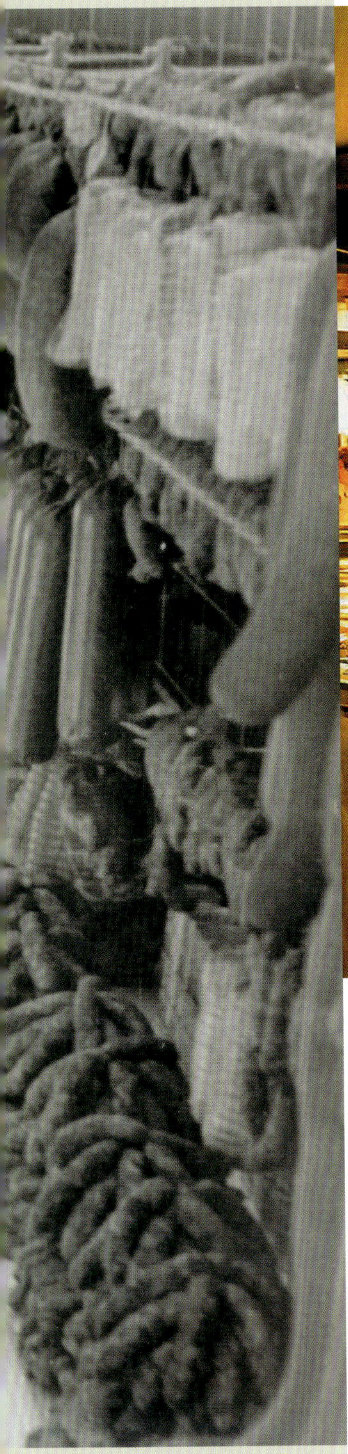

Zeitgemäße Verführung Immer noch luxuriös, aber eben großzügiger, moderner und dem Geschmack der heutigen Zeit entsprechend beleuchtet und dekoriert, präsentiert sich die Lebensmittelabteilung des KaDeWe, die auch heute noch für die meisten Berlinbesucher ein absolutes „Muss" ist. In der 6. Etage sind fast 35 000 verschiedene Spezialitäten aus aller Welt erhältlich, darunter jeweils über 1000 verschiedene Wurst- und Käsesorten. Wer im Urlaub eine exotische Köstlichkeit kennengelernt hat, die es in Europa sonst nirgends zu kaufen gibt, wird im KaDeWe aller Wahrscheinlichkeit nach fündig. Besonders verführerisch: die Schokoladenabteilung, deren Gerüche die Besucher rund um die zentrale Rolltreppe empfangen. An rund 30 Feinschmeckerbars oder unter dem großen Glasdach in der 7. Etage lassen sich die Leckereien auch gleich genießen. Ein opulentes Tortenstück oder ein exquisiter Snack ist schließlich auch für diejenigen Shoppingtouristen noch erschwinglich, denen die Designerprodukte in den unteren Stockwerken zu teuer sind oder die das Einkaufsbudget des Tages bereits fast ausgeschöpft haben.

Siegessäule
Feierlaune vor historischer Kulisse

Mai 1945 Sowjetische Panzersoldaten feiern vor der Siegessäule die Einnahme Berlins. Mit dem Bau des Triumphdenkmals wurde 1864 nach dem deutschen Sieg über Dänemark begonnen, an den es ursprünglich erinnern sollte. Eingeweiht wurde die Säule, die ursprünglich in der Nähe des späteren Reichstags stand, 1873, am dritten Jahrestag des Sieges über Frankreich in der Schlacht bei Sedan. Hitler ließ das Denkmal später durch seinen Architekten Albert Speer aufstocken und an den Großen Stern versetzen. Zum 50. Geburtstag des nationalsozialistischen Diktators im Jahr 1939 ließ Speer die Säule in ein großes Lichterwerk tauchen. Nach Kriegsende wollte die französische Besatzungsmacht die Siegessäule entfernen lassen, doch die restlichen Alliierten bestanden darauf, nur solche Kriegsdenkmäler, die nach Ausbruch des Ersten Weltkriegs errichtet worden waren, zu zerstören.

Feiern rund um die Goldelse Rund um die Siegessäule tobte zwischen 1989 und 2003 und nochmals im Jahr 2006 regelmäßig am ersten Juli-Wochenende die Love-Parade. Bis zu 1,5 Millionen Besucher tanzten dabei entlang der Straße des 17. Juli zu Rave-Rhythmen. Das Motto der Veranstaltung war jedes Mal betont unmilitärisch: „Friede, Freude, Eierkuchen" etwa oder „Peace on Earth". Aber als Kriegsdenkmal ist die Siegessäule den meisten Berlinern ohnehin nicht im Bewusstsein. Bei ihnen heißt sie einfach „Goldelse" – ungeachtet der Tatsache, dass das Vorbild für die geflügelte Siegesgöttin Victoria auf der Säulenspitze, die Tochter des Bildhauers Friedrich Drake (1805–1882), nicht etwa den Namen „Elisabeth" trug, sondern Margarethe hieß.

Berlin-Marathon

Bahn frei für Masse und Klasse

24. September 2006 Noch ist die gesperrte Straße des 17. Juni quer durch den Tiergarten fast menschenleer. Dies wird sich im Lauf des Tages jedoch ändern, wenn der Startschuss für Berlins traditionelles Marathonrennen gefallen ist. Seit 1987 findet hier am letzten Sonntag im September der Berlin-Marathon statt. Die Veranstaltung an sich ist jedoch noch älter: Der erste Berliner Volksmarathon wurde 1974 ausgetragen, damals liefen die Teilnehmer noch auf den Waldwegen im Grunewald. Erst seit 1981 geht es durch die Innenstadt, seit 1987 ist die Straße des 17. Juni der Ort des Auftakts. 1990, drei Tage vor der offiziellen Wiedervereinigung Deutschlands, kam es dann zum Richtungswechsel. Anstatt nach Westen Richtung Ku'damm starteten die Läufer gen Osten und liefen durch das Brandenburger Tor.

Einer der bekanntesten Läufe der Welt Fünf Minuten nach dem Start ist auf der Rennstrecke kein Durchkommen mehr. Mit etwa 40 000 Teilnehmern aus über 100 Ländern ist der Berlin-Marathon neben den Rennen von New York, Chicago und London eines der größten der Welt. Nicht nur auf der Laufstrecke geht es gedrängt zu: Dichte Zuschauerspaliere säumen die Straßen und zahlreiche Musikbands heizen die Stimmung an. Doch das ist noch nicht alles: Bereits am Vortag beteiligen sich etwa 10 000 Berliner Schüler am „Mini-Marathon", bei dem jeweils zehn Kinder die Marathonstrecke untereinander aufteilen. Aus Platzgründen ebenfalls am Samstag gehen etwa 7000 Skater auf die Strecke. Doch nicht nur die Masse ist hier am Start. Da das Rennen zu den schnellsten Marathonstrecken der Welt zählt, sind hier regelmäßig auch die Topstars der Szene am Start. 2008 etwa stellte der äthiopische Ausnahmeläufer Haile Gebrselassie mit einer Laufzeit von 2:03:59 h einen neuen Weltrekord auf.

Haus der Kulturen der Welt

Einsturz und Wiederherstellung der „Schwangeren Auster"

21. Mai 1980 Kurz vor 11 Uhr ist aus dem Tiergartenviertel ein weithin hörbares Donnern zu vernehmen. Die überstehende Dachkrempe der Kongresshalle im Tiergarten bricht in sich zusammen – gerade als im Inneren des aufgrund seiner Form von den Berlinern auch als „Schwangere Auster" bezeichneten Baus ein Kongress tagt. Mit Schneidbrennern muss die Feuerwehr die Kongressteilnehmer aus dem Gebäude befreien. Ein junger Journalist kann nicht mehr gerettet werden und erliegt bei dem Unglück seinen schweren Verletzungen. Materialermüdung und Korrosion der tragenden Teile des 1956/57 errichteten Baus werden die Sachverständigen später als Unglücksursache feststellen. Die vom US-Architekten Hugh Stubbins (1912–2006) als Beitrag der Vereinigten Staaten zur Internationalen Bauausstellung Interbau in Berlin entworfene Halle galt seinerzeit als kühnster Bau Europas. Bis zum Unglück fungierte das Gebäude als Kongresshalle.

Zweite Chance Sollte man das Risiko eingehen, die gewagte Dachkonstruktion der „Auster" wieder aufzubauen? Der Senat stritt lange. Immerhin ging es um ein „Symbol der deutsch-amerikanischen Freundschaft", die „Architektur der Freiheit", ein Gebäude, das zu den großen Wahrzeichen Westberlins gehörte. Die Baufehler, die zur Korrosion und damit zum Bruch von wichtigen Tragelementen führten, hatte man bei der Schadensanalyse erkannt, sodass man sich einen verbesserten Neubau zutraute. 1984 beginnt der Wiederaufbau mit einem leicht veränderten und damit stabileren Dach. Drei Jahre später wird die Kongresshalle zur 750-Jahr-Feier der Stadt wieder eröffnet. Große Kongresse finden mittlerweile jedoch im 1979 eröffneten Internationalen Congress Centrum (ICC) am Messegelände statt und so wird die „Auster" 1989 zum Veranstaltungsort für künstlerische Ausstellungen und Darbietungen rund um die „Kulturen der Welt".

HAUS DER KULTUREN DER WELT
DAS HAUS
HAT EINE STADT IM HAUS
NEW YOR
23. AUG. - 4. NOV

Botschaftsviertel
Gesandtschaftsarchitektur im Wandel der Zeit

1940 Seinerzeit bot das erst kurz zuvor fertiggestellte Gebäude der dänischen Botschaft am Tiergarten noch einen recht ungewohnten Anblick. Die alte Botschaft in der Stadtmitte – wie auch zehn andere Gesandtschaften – hatte Hitlers Plänen weichen müssen, im Stadtkern Berlins das neue bombastische Zentrum einer „Welthauptstadt Germania" zu errichten. Zuerst plante der Diktator, die betroffenen Botschaften an den Rand des Grunewalds zu verlegen, wogegen die Diplomaten jedoch Protest erhoben: Der Grunewald war ihnen zu abgelegen. Also ließ Hitlers Generalbauinspektor Albert Speer die neuen Gebäude südlich des Tiergartens errichten, in einer repräsentativen Gegend, in der sich bereits zahlreiche andere Botschaften befanden.

Einigendes Band Nach der deutschen Wiedervereinigung errichteten mehrere Länder neue, repräsentative Botschaften im Zentrum Berlins. Bevorzugtes Viertel blieb die am südlichen Rand von Berlins zentralem Park verlaufende Tiergartenstraße. Als „Königin der Botschaften" gilt heute der Bau der fünf nordischen Länder Dänemark, Schweden, Norwegen, Finnland und Island. Während die einzelnen Gebäude von außen von einem geschwungenen Band aus beweglichen Kupferlamellen umschlungen sind, präsentieren sich die einzelnen Botschaften im Inneren durchaus verschieden und mit jeweils charakteristischen Eigenarten. Am besten lassen sie sich im Rahmen des jährlichen Tags der offenen Tür im Sommer bewundern.

Lichtermeer Der Blick vom 100 Meter hohen Panoramapunkt am Potsdamer Platz geht über den Leipziger Platz auf die Leipziger Straße, im Hintergrund ist der Fernsehturm im östlichen Stadtzentrum der deutschen Hauptstadt zu sehen.

Südlich der „Linden"

Historische Wurzeln und neues Gesicht Südlich der königlichen Bauten Unter den Linden erstreckte sich zwischen dem Potsdamer, dem Halleschen und dem Schlesischen Tor das geschäftliche und bürgerliche Zentrum des alten Berlin, das bis ins heutige Kreuzberg hinein an den Landwehr-kanal reichte. Am Rand der Innenstadt wurden aus den einstigen Marktplätzen direkt hinter den Stadttoren und dem Potsdamer Platz pulsierende Verkehrsknotenpunkte und urbane Zentren. Auch die alten Bahnhöfe endeten genau an der alten Zollmauer und markierten die Schnittstelle zwischen dem alten Zentrum und seinem Umland. Früher wie heute zählen diese Gegenden zu den besonders lebhaften Ecken der Stadt.

FILM-BÜHNE
WIEN
V. INTERNATIONALE FILMFESTSPIELE BERLIN 1955
BERLIN
grüßt die Filmnationen der Welt

1955 Die Berliner haben sich vor der Film-Bühne in Berlin-Charlottenburg aufgereiht, um einen Blick auf die Stars zu erhaschen, die sich hier zur Eröffnung der 5. Berliner Filmfestspiele versammelt haben. Was noch niemand weiß: In diesem Jahr wird der Goldene Bär erstmals an einen deutschen Film gehen, die Verfilmung von Gerhart Hauptmanns (1862–1946) Drama „Die Ratten" mit Maria Schell und Curd Jürgens wird über Billy Wilders „Verflixtes 7. Jahr" mit Marilyn Monroe triumphieren. Erst vier Jahre zuvor, im Jahr 1951, war die Berlinale von einem US-amerikanischen Besatzungsoffizier ins Leben gerufen worden und stieg neben den Filmfestspielen von Cannes und Venedig schnell zu einem der drei bedeutendsten internationalen Filmfestivals auf.

Filme im Mittelpunkt Seit 2000 schlägt das Herz der Berlinale nicht mehr in Charlottenburg, sondern am Potsdamer Platz. Hier haben sich neben dem Berlinale Palast, der in der Zeit außerhalb der Filmfestspiele als Musical-Theater genutzt wird, inzwischen mehrere große Kinos im Sony Center angesiedelt. Während 1955 lediglich elf Filme um die Auszeichnungen stritten, sind es heute jeweils rund 400 Leinwandstreifen, die an unterschiedlichen Orten gezeigt werden. Zwar kann sich das Aufgebot an Stars meist nicht ganz an den glamourösen Festspielen von Cannes messen, dafür ist das Publikumsinteresse größer: Regelmäßig sind auf der Berlinale Besucher aus über 100 Ländern zu verzeichnen und so mancher davon ist weniger an den großen Hollywoodproduktionen interessiert als vielmehr an den kleinen, weniger kommerziellen filmischen Werken aus aller Herren Länder, die das Rahmenprogramm zu bieten hat.

Potsdamer Platz
Neues Architekturkonzept in umstrittener Modernität

Um 1928 Am Potsdamer Platz pulsiert das Leben. Der Platz zwischen dem alten Zentrum Berlins im Osten und dem immer wichtiger werdenden Westteil der Stadt gehörte schon in den 1920er-Jahren zu den verkehrsreichsten Gegenden Berlins. Das galt auch für das Nachtleben, denn rund um den Potsdamer Platz hatte sich eines der größten Amüsierviertel Berlins etabliert. Kein Zufall ist es, dass auf dem berühmten Gemälde „Potsdamer Platz" des expressionistischen Künstlers Ernst Ludwig Kirchner (1880–1938) zwei Prostituierte zu sehen sind. Im „Haus Vaterland", das von der berühmten Berliner Gastronomenfamilie Kempinski betrieben wird, befanden sich zudem über ein Dutzend Etablissements, die nicht nur kulinarische, sondern mit vielen Varietéaufführungen auch kulturelle Genüsse zu bieten hatten.

Modern oder zu kalt? An den alten Potsdamer Platz erinnert heute nur noch der nachgebaute Verkehrsturm mit der Uhr, der vor der spiegelnden Fassade des BahnTowers zu entdecken ist. Wer genau hinsieht, kann auch noch das alte Weinhaus Huth und den Kaisersaal des ehemaligen Hotels Esplanade entdecken, der spektakulär um 75 Meter verschoben wurde, damit er in das neue Konzept des Potsdamer Platzes passte. An dem seit dem Jahr 2000 im Wesentlichen fertiggestellten Platz scheiden sich die Geister. Vielen gefällt die kühne, moderne Architektur, andere lehnen den Platz als „kalt" und „steril" ab, was auch daran liegt, dass ein großer Teil der Bauten Geschäftsräume beherbergt. Für die Öffentlichkeit sind das Sony Center mit seinen Kinos und Restaurants, dessen zeltartiges Dach hinter dem Bahn Tower zu erkennen ist, und die Läden der Potsdamer-Platz-Arkaden südlich davon am interessantesten.

Potsdamer Platz

Vom Niemandsland zum Verkehrsknotenpunkt

1987 Während der deutschen Teilung verlief die trennende Mauer mitten über den einst so belebten Potsdamer Platz. Auch der dahinterliegende Leipziger Platz war eine Brachfläche, die im Sperrgebiet hinter der eigentlichen Mauer lag. An keiner anderen Stelle in Berlin war das Niemandsland zwischen den Sperranlagen so groß. Schon nach dem Krieg war ein Wiederaufbau des zerstörten Platzes nur schleppend vorangegangen. Nach dem Mauerbau ließ die DDR-Regierung alle noch stehenden Gebäude abreißen. Auf der Westseite wurde die Brache vor der Mauer dagegen immer wieder von der alternativen Szene besetzt: Unter anderem stand hier zeitweise eine Wagenburg.

Neues Leben Nach der Öffnung der Mauer wurde die als Verbindung zwischen Ost und West so wichtige Potsdamer Straße wieder belebt. Auf dem einstigen Niemandsland wurde am 21. Juli 1990 die Rockoper „The Wall" von Pink Floyd als Benefizkonzert aufgeführt – eines der größten Konzerte der Rockgeschichte. Nach der Wiedervereinigung entschloss sich der Berliner Senat sehr rasch, das wieder interessant gewordene Gelände unter einigen Großinvestoren – unter anderem Daimler, Sony und der Deutschen Bahn – aufzuteilen, die es in der Folgezeit im postmodernen Stil bebauten.

Großbaustelle In den 1990er-Jahren ist der Potsdamer Platz die größte Baustelle Europas. Von der 23 Meter hohen Dachterrasse der roten „Infobox" am Leipziger Platz aus verfolgen in der Zeit zwischen 1995 und 2001 unzählige Schaulustige den Fortgang der Arbeiten. Das „Baustellengucken" wird zum Pflichtprogramm eines jeden Berlinbesuchs. Inzwischen ist der Potsdamer Platz einer der eindrucksvollsten und belebtesten Stadtteile der Hauptstadt, in dem sich vor allem Firmenhochhäuser, Geschäfts- und Bürobauten angesiedelt haben.

GOD LOVES YOU

Martin-Gropius-Bau

Vom „Abseits" an der Mauer zurück in die Stadtmitte

Februar 1990 Noch steht die Mauer und trennt das Preußische Abgeordnetenhaus auf ihrer Ostseite (links) vom Martin-Gropius-Bau im Westen. Das Gebäude war 1881 vom Architekten Martin Gropius (1824–1880) als Kunstgewerbemuseum erbaut worden. Im Inneren befindet sich nach dem Vorbild italienischer Palazzi aus der Renaissancezeit ein großer Lichthof, der von kleineren Räumen umgeben wird. Im Krieg war das Gebäude, das in seiner wechselvollen Geschichte die verschiedensten Museen beherbergte, schwer beschädigt worden. Martin Gropius' berühmtem Großneffen, dem Bauhausarchitekten Walter Gropius (1883–1969), gelang es, durchzusetzen, dass der Bau unter Denkmalschutz gestellt wurde, sodass er nicht wie so viele andere verfallene historische Gebäude dem Abriss anheimfiel. 1978 begann schließlich die Sanierung des Gropius-Baus, der seit der Errichtung der Berliner Mauer direkt an der Grenzanlage in unmittelbarer Nachbarschaft zu den Brachen des Potsdamer Platzes, sozusagen ein wenig im „Abseits" des geschäftigen Berliner Lebens, lag.

Zentral gelegener Ausstellungsort Nach der Wiedervereinigung trennt nur noch die Niederkirchnerstraße den Gropius-Bau vom ehemaligen Preußischen Abgeordnetenhaus, in dem heute das Landesparlament von Berlin tagt. Zwischen Potsdamer Platz und Anhalter Bahnhof nun wieder verkehrsgünstig gelegen, ist der Gropius-Bau heute Ort für große internationale Ausstellungen. Während temporäre Gemäldeausstellungen meist in der Neuen Nationalgalerie am Kulturforum zu besichtigen sind, werden andere Wanderausstellungen in der Regel im Gropius-Bau präsentiert. Furore machten zum Beispiel im Jahr 2006 die Ausstellung „Ägyptens versunkene Schätze", die von fast einer halben Million Menschen besucht wurde, und die Ausstellung „Im Zeichen des Goldenen Greifen. Königsgräber der Skythen" im Jahr 2007.

Anhalter Bahnhof

Einstiges „Tor zur Welt" nur noch S-Bahn-Haltestelle

Um 1885 Seit am 15. Juni 1880 der neue Anhalter Bahnhof eingeweiht worden war, wurde der Askanische Platz in Kreuzberg, um dessen Mitte sich sechs Nobelhotels angesiedelt hatten, zu einem der elegantesten Plätze Berlins. Das vom Berliner Architekten Franz Schwechten (1841–1924) im Stil der Neorenaissance entworfene Gebäude erregte weltweit Aufsehen: Nicht nur die Gestaltung des vornehmlich aus gelben Backsteinen errichteten Baus rief Bewunderung hervor, sondern auch die 34 Meter hohe und 62 Meter breite Halle, deren Glas-Eisen-Konstruktion die größte Spannweite des europäischen Kontinents besaß. Von hier aus fuhren die innerdeutschen Züge nach Dresden, Leipzig, München und Frankfurt am Main; der internationale Bahnverkehr führte nach Wien, Rom und Athen, was dem Anhalter Bahnhof den Beinamen „Tor zur Welt" einbrachte.

Trotzige Ruine Wo früher die Züge die Bahnsteige in Richtung Süden verließen, befinden sich heute Fußballfelder. Vom einst stolzen Anhalter Bahnhof ist nur noch die Ruine des Hauptportals übrig geblieben. Am 3. Februar 1945 war das schwer von Bomben getroffene Gebäude ausgebrannt. Dennoch verkehrten hier nach dem Krieg noch Nahverkehrszüge. Am 18. Mai 1952 wurde der Zugverkehr jedoch gänzlich eingestellt und das Gebäude sollte – trotz großer Proteste – abgerissen werden und einem Neubau weichen. Doch die Ruine erwies sich als so solide, dass infolge der mühseligen Abrissversuche mehrere Abbruchfirmen Konkurs anmelden mussten. Erst 1959 wurde die Halle gesprengt, den Abriss des Portals konnten Bürgerproteste jedoch verhindern. Heute verkehren am „Anhalter" immer noch Züge, jedoch nur auf der unterirdischen S-Bahn-Trasse, die seit dem Jahr 1939 existiert.

Tempodrom

Vom Alternativprojekt zum Skandalbau

2001 Ein Bauskandal nimmt seinen Anfang: Auf dem Gelände des ehemaligen Anhalter Bahnhofs in Berlin-Kreuzberg wird das Tempodrom errichtet. Dessen Vorgänger war ein schlichtes Zirkuszelt. Die idealistische Erbin und ehemalige Krankenschwester Irene Moessinger hatte es im Jahr 1980 gekauft, um ihren Traum von einem neuen Ort für Alternativkultur zu verwirklichen. Drei Jahre lang stand das einstige Zirkuszelt auf den Brachflächen am Potsdamer Platz, danach in der Nähe der Kongresshalle am Tiergarten. Doch nach der Wiedervereinigung erschien das in der Nähe des neuen Bundeskanzleramts stehende Zelt mit seinem alternativen Publikum dem damaligen Kanzler Helmut Kohl als Sicherheitsrisiko. Die Inhaberin erhielt eine Entschädigungszahlung und dachte über den Bau einer festen Spielstätte nach. Bei einigen Berliner Politikern stieß die Idee auf offene Ohren, ihnen schwebte jedoch ein Renommierbau vor.

Betonzelt für 31 Millionen Euro Nach den Plänen des Stararchitekten Meinhard von Gerkan ist am Anhalter Bahnhof ein echter „Hingucker" entstanden: ein Zeltbau aus Beton. Statt 15,5 Millionen Euro wie geplant kostete der Bau jedoch genau das Doppelte. Die ursprüngliche Finanzierungssumme, zusammengesetzt aus der Entschädigung, öffentlichen Mitteln und Spenden, reichte für die Deckung der beim Bau tatsächlich entstandenen Kosten nicht aus – die Erbin ist heute hoch verschuldet. Über öffentliche Bürgschaften wurden zudem auch die Steuerzahler für den überteuerten Bau zur Kasse gebeten. Als Veranstaltungsort jedoch ist das Tempodrom ein voller Erfolg: Hier finden Konzerte, Revuen, Boxkämpfe sowie Parteitage statt und unter der Kuppel des heutigen Betonzelts hat das Liquidrom, ein Solebad mit Unterwassermusik, seine Heimat gefunden.

Friedrichstraße

Einkaufs- und Verkehrszentrum im Wandel

1908 Schon Anfang des Jahrhunderts zeigte sich die Friedrichstraße von einem beachtlichen Fußgängerverkehr belebt und zahlreiche Droschken, Pferdebahnen und später vermehrt auch Kraftfahrzeuge befuhren die Straße. Hier reihten sich unzählige Hotels, Restaurants, Künstleretablissements und eine Menge Läden aneinander. Gerade wer nach teurem Schmuck oder besonderen Kunst- und Dekorationsgegenständen Ausschau hielt, wurde hier fündig. Daneben war die Friedrichstraße an der Wende zum 20. Jahrhundert auch das Zentrum der Prostitution in Berlin. Die Straße, die vom Halleschen Tor im Süden bis zum Oranienburger Tor im Norden reicht, war im 17. Jahrhundert als Querstraße zu „den Linden" angelegt worden, bis König Friedrich I. (1657 bis 1713) sich empörte: „Was heißt hier Querstraße? Ein anständiger Name muss es sein – der meinige!" Daneben förderte der Monarch auch die Bebauung rund um die Friedrichstraße. Vor allem viele Hugenotten wurden hier im Lauf der Jahre angesiedelt, weshalb auch eine der vielen Querstraßen heute den Namen „Französische Straße" trägt.

Per U-Bahn zum Luxusshopping Inzwischen sind die schönen alten Geschäfts- und Wohnhäuser an der Friedrichstraße modernen Geschäftsbauten und großen Warenhäusern gewichen, und als Standort von Stadt-, S- und U-Bahn ist die Station heute ein wichtiger Verkehrsknotenpunkt im regen Treiben der Stadt. Während der deutschen Teilung war die Friedrichstraße vor allem durch den Grenzübergang am Bahnhof Friedrichstraße bekannt, in dessen Abfertigungsgebäude, dem „Tränenpalast", sich oftmals bewegende Abschiede abspielten. Schon seinerzeit genossen die hier ansässigen Kulturstätten nördlich des Bahnhofs – das Deutsche Theater, das Berliner Ensemble, der Admiralspalast und der Friedrichstadtpalast – einen ausgezeichneten Ruf. Die Versuche der DDR-Regierung, neue Geschäftsbauten zu fördern, nahmen sich dagegen eher bescheiden aus. Seit der Wiedervereinigung ist die Friedrichstraße jedoch neben dem Ku'damm wieder die zweite große, teure Einkaufsstraße Berlins, in der vor allem bekannte Luxusgeschäfte und edle Boutiquen beheimatet sind.

Quartier 206
Futuristische Einkaufsblocks statt historischer Architektur

Um 1896 Erst 1891 wurde das Restaurant der Brauerei Patzenhofer an der Ecke Friedrichstraße/Taubenstraße fertiggestellt – keine übliche Brauereiwirtschaft, sondern ein repräsentativer Bau in erstklassiger Geschäftslage, in dem zudem 1898 der Deutsche Leichtathletik-Verband gegründet wurde. Das dunkle bayerische Bier, das der Münchner Brauersohn Georg Patzenhofer (1815–1873) ab 1855 in der preußischen Hauptstadt einführte, fand in Berlin großen Anklang. Unter über 100 Berliner Brauereien war die Brauerei Patzenhofer eine der größten. Zu Beginn des 20. Jahrhunderts exportierte das Unternehmen sein Bier in alle Welt und besaß im Berliner Stadtteil Friedrichshain die größte Sudhausanlage des europäischen Kontinents. Nach dem Ersten Weltkrieg verschlechterte sich die Wirtschaftslage jedoch und Patzenhofer musste mit der Schultheiss-Brauerei fusionieren.

Designermode statt Dunkelbier Heute steht auf dem Grundstück des Patzenhofer-Bräus das Quartier 206, eine der edelsten Shoppingadressen Berlins. Nach der Wiedervereinigung bemühte man sich, die Friedrichstraße wieder zu dem großen Einkaufsboulevard zu machen, der sie vor dem Zweiten Weltkrieg war. Da die Straße aber relativ eng und stark befahren war und oft auch ein unangenehmer Wind entlang der schnurgeraden Trasse wehte, entstanden ihrem Äußeren nach einerseits edle, andererseits jedoch zugleich auch recht abweisende Blocks, die ihren eigentlichen Glanz erst in ihrem Inneren entfalten. Über die Friedrichstadtpassagen, eine unterirdische Ladenzeile, ist das Quartier 206 mit seinen ebenso stilvollen Nachbargebäuden 205 und 207, den Galeries Lafayette, verbunden. Das Quartier 206 gilt unter den drei modernen Bauwerken jedoch als das optisch interessanteste.

Schöne Aussichten Auf dem Gelände einer ehemaligen Getreidemühle stehen heute moderne Bürogebäude direkt am Ufer der Spree im Berliner Stadtteil Moabit.

In den Westbezirken und Potsdam

Noble Villenvororte und Arbeiterbezirke Schon um 1900 unterschieden die Berliner zwischen Ost- und Westberlin, denn längst war die Stadt so groß geworden, dass „Berlin" nur eine recht vage Ortsangabe war. Zudem war der Westen der Stadt bereits damals die reichere bürgerliche Hälfte, in der man sich gern vom weniger betuchten Osten abgrenzte. Im Südwesten gründeten sich einige Villenvororte und somit wurden die Übergänge zwischen Zehlendorf und Babelsberg, Berlin und Potsdam fließend. Ein Abstecher nach Potsdam gehört auch heute noch zu jeder Berlinreise. Im Nordwesten hingegen siedelten sich viele Industriebetriebe an und Arbeiterbezirke entstanden. Vor allem Moabit und Wedding entwickeln sich heute immer mehr zu Szenevierteln der jungen Kreativen.

Borsighallen

Maschinenhalle wird Einkaufsparadies

1997 Die Sanierung der historischen Fabrikhallen der Borsig AG in Berlin-Tegel beginnt. Gebaut wurden die Hallen Ende des 19. Jahrhunderts. Der Borsig AG, dem größten Hersteller von Lokomotiven in Europa, waren die bisherigen Berliner Standorte zu eng geworden. In Tegel hingegen stand ausreichend Platz für ein modernes, großes Werk zur Verfügung, das nicht nur über einen Bahnanschluss, sondern sogar über einen eigenen Hafen verfügte. Neben Lokomotiven wurden hier auch Straßenbahnen, Schiffsdampfmaschinen, Dampfpflüge und Kältemaschinen gefertigt. 1968 erwarb die Thyssen AG das Gelände, 1992 stellte sie die Produktion jedoch ein und 1997 entstand auf dem riesigen Borsiggelände ein Gewerbepark.

Industriedenkmal Wo einst geschuftet wurde, genießen heute Tausende das süße Leben. Aus den fünf ehemaligen Lokomotivhallen ist das Einkaufs- und Freizeitparadies „Hallen am Borsig-Turm" geworden. Auf 22 000 Quadratmetern finden sich hier über 100 Geschäfte und gastronomische Betriebe. Im Obergeschoss haben sich Kinos, Bowlingbahnen und eine Diskothek eingemietet. Sowohl im Inneren als auch von außen lässt sich jedoch auch heute noch, stilecht restauriert, die Industriearchitektur des späten 19. Jahrhunderts studieren – die lichten Glas- und Stahlkonstruktionen der Hallen genauso wie die Backsteinarchitektur der Fassaden. Besonders markant: der 58 Meter hohe Borsigturm, der, 1924 als Verwaltungsgebäude gebaut, eines der ersten Hochhäuser Europas war.

Olympiastadion

WM-Euphorie statt Machtdemonstration

August 1936 Am Marathontor im Berliner Olympiastadion lodert die olympische Flamme. Das nationalsozialistische Regime nutzte die prestigeträchtigen Spiele, um vor der Welt Glanz und Stärke sowie angebliche Friedensbereitschaft zu demonstrieren. Dennoch gab es vor allem in den USA und Frankreich Aufrufe, die bereits 1932 an Deutschland vergebenen Spiele zu boykottieren. Letztendlich begnügten sich die teilnehmenden Nationen mit der Versicherung Adolf Hitlers, man werde sich an die olympischen Regeln halten. So wurde während der Spiele tatsächlich auch die rassistische und antisemitische Propaganda der NS-Medien ausgesetzt. Das Kalkül der Nationalsozialisten ging auf: Die Spiele wurden zu einem großen wirtschaftlichen und propagandistischen Erfolg. Insgeheim soll Hitler jedoch getobt haben, dass mit dem US-Leichtathleten Jesse Owens (1913–1980) ein Farbiger vier Goldmedaillen gewann.

Lichtes Dach und blaue Tartanbahn 3 : 0 gewinnt Deutschland am 20. Juni 2006 im Berliner Olympiastadion sein letztes Vorrundenspiel gegen Ecuador und zieht damit als Gruppenerster ins Achtelfinale ein. Die Stimmung hierzulande ist seit der Vergabe der Fußballweltmeisterschaft an Deutschland im Juli 2000 längst zur WM-Euphorie geworden. Auch das Olympiastadion präsentiert sich inzwischen freundlicher: Zwischen 2000 und 2004 wurde das mittlerweile als vorbildlich behindertengerecht geltende Stadion behutsam modernisiert. Zu den auffälligsten Neuerungen des fast 75 000 Menschen fassenden Stadions gehören die umlaufende Bedachung und die Tartanbahn, die auf Wunsch des hier bei seinen Heimspielen auflaufenden Berliner Bundesligisten Hertha BSC nicht im üblichen Rotbraun, sondern in der Vereinsfarbe Blau erstrahlt.

Olympiastadion
Neuer Umgang mit dem braunen Erbe

August 1936 Zwei gigantische Pfeiler, die für Bayern und Preußen stehen, markieren den Haupteingang zum Berliner Olympiastadion. Auf Wunsch Adolf Hitlers wurde das dort befindliche Deutsche Stadion 1934 abgerissen und stattdessen das „Reichssportfeld", ein Ensemble mit einer monumentalen, teilweise an die Antike anknüpfenden Architektur, gebaut. Der Eingang stand in der Verlängerung der Ost-West-Achse der geplanten „Welthauptstadt Germania". Auf der anderen Seite des Stadions gab das Marathontor den Blick auf den 77 Meter hohen Glockenturm und das Maifeld frei, das für die Aufmärsche der Nationalsozialisten genutzt wurde.

Kinofilmanarchie statt Nazi-Propaganda Trotz seiner nationalsozialistischen Vergangenheit gilt die Berliner Olympiaanlage als bedeutendes Architekturensemble und steht daher unter Denkmalschutz. Das äußere Erscheinungsbild wurde deshalb weitgehend beibehalten. Das fröhliche Treiben – wie hier anlässlich der Fußballweltmeisterschaft 2006 – rund um das Stadion stört sich an der alten Nazi-Architektur jedoch nicht. Die zum Olympiagelände gehörende Waldbühne etwa, die einst Joseph Goebbels für Propagandaveranstaltungen nutzte, gilt heute als eine der schönsten Freilichtbühnen Deutschlands und wurde in der Nachkriegszeit durch die Aufführung anarchischer Kino-Kultfilme wie „Blues Brothers" oder „The Rocky Horror Picture Show" legendär. Wer sich kritisch mit der Vergangenheit des Geländes auseinandersetzen will, findet eine Info-Ausstellung zu diesem Thema in der Langemarck-Halle zu Füßen des Glockenturms.

Der DFB-Pokal
Finalkampf in Berlin

Erstes Pokalfinale im Olympiastadion
Vor rund 70 000 Zuschauern unterliegt am 3. Januar 1937 im Berliner Olympiastadion der klare Favorit FC Schalke 04 (dunkle Trikots) im Endspiel um den deutschen Vereinspokal dem Außenseiter VfB Leipzig mit 1:2. Der 1935 erstmals ausgetragene Vorgänger des heutigen DFB-Pokals wurde im Volksmund nach dem damaligen Reichssportführer und Initiator des Wettbewerbs Hans von Tschammer und Osten (1887–1943) als Tschammerpokal bezeichnet. Schalke 04 hatte bereits im Dezember 1935 das erste Finale des Pokalwettbewerbs im Düsseldorfer Rheinstadion mit 0:2 gegen den 1. FC Nürnberg verloren. Erst im dritten Anlauf gelang den Knappen im Januar 1938 im Müngersdorfer Stadion in Köln durch einen 2:1-Sieg gegen Fortuna Düsseldorf der erste Pokalgewinn. Von 1939 bis 1942 fanden die Pokal-Finalspiele im Berliner Olympiastadion statt, das letzte Endspiel des Tschammerpokals wurde 1943 in Stuttgart ausgetragen.

„Berlin, Berlin … wir fahren nach Berlin", skandieren die Fans in den Vorrundenspielen des deutschen Vereinspokals regelmäßig. Fester Austragungsort des Finales und damit Ziel der Sehnsüchte ist seit 1985 das Berliner Olympiastadion. Der Pokalwettbewerb war nach dem Zweiten Weltkrieg in der Bundesrepublik erst 1952 wieder vom Deutschen Fußball-Bund ins Leben gerufen worden. Erster DFB-Pokalsieger wurde im Mai 1953 Rot-Weiss Essen, das im Finale im Düsseldorfer Rheinstadion Alemannia Aachen mit 2:1 bezwang. Bis 1984 fanden die Pokalendspiele an wechselnden Orten statt, meist in Frankfurt am Main, Stuttgart, Hannover oder Düsseldorf. Im ersten Pokalfinale im Olympiastadion nach dem Krieg bezwang im Mai 1985 der Außenseiter Bayer 05 Uerdingen den deutschen Rekordmeister FC Bayern München mit 2:1. Doch die Bayern sind auch im DFB-Pokal Rekordsieger. Im Mai 2010 jubeln Daniel van Buyten und Franck Ribery im „deutschen Wembley" über den 15. Pokaltriumph des Traditionsvereins durch einen 4:0-Sieg gegen Werder Bremen.

2010
2010
LIGA

Berliner Funkturm
Sendeanlage wird zum populären Aussichtsturm

Anziehungspunkt für IFA-Besucher 1973 wurde der Funkbetrieb über den Turm eingestellt, 1989 montierte man die letzten Sendeanlagen ab. Als markanter Punkt der Westberliner Skyline und als Aussichtsturm ist der „Lange Lulatsch" aber weiterhin populär. Auch die Internationale Funkausstellung, die regelmäßig im Sommer zu Füßen des Funkturms stattfindet, ist sowohl eine bedeutende Industriemesse als auch ein Publikumsmagnet geblieben – zumal zahlreiche Innovationen hier erstmals vorgestellt wurden: 1932 etwa war das weltweit erste Autoradio zu bewundern, 1967 gab der damalige Bundeskanzler Willy Brandt auf der IFA den Startschuss für das deutsche Farbfernsehen und auch heute noch können sich die Besucher darauf verlassen, hier die aktuellsten Trends zu entdecken. Um mit den rasanten Entwicklungen auf dem Markt Schritt halten zu können, findet die weltgrößte Messe für Unterhaltungselektronik seit 2006 jährlich statt.

1935 Soldaten der Wehrmacht begutachten nach einem Großbrand das Ausmaß der Zerstörung rund um die Berliner Messehallen. Der Brand am 19. August hatte auch den Berliner Funkturm in Mitleidenschaft gezogen, die Sendeeinrichtungen wurden zerstört und das in rund 50 Meter Höhe befindliche Funkturm-Restaurant brannte vollständig aus. Mit dem Bau des fast 150 Meter hohen Turms auf dem Messegelände war 1924 nach der ersten Internationalen Funkausstellung (IFA) begonnen worden. Anlässlich der dritten IFA im Jahr 1926 konnte er eingeweiht werden. Das Restaurant und die Aussichtsplattform in etwa 125 Meter Höhe wurden erst in den darauffolgenden Jahren nachträglich in den Bau integriert. Nach dem Brand im Jahr 1935 begann man mit dem Wiederaufbau des Funkturms und bereits zum Ende des Jahres konnte die Sendetätigkeit wieder aufgenommen werden. Nachdem der Turm, der in der Zeit zwischen 1939 und 1945 als Warn- und Beobachtungsposten gedient hatte, am 19. April 1945 durch Granaten abermals beschädigt worden und das Restaurant erneut ausgebrannt war, wurde er noch im selben Jahr repariert und der Restaurantbetrieb konnte 1950 wieder aufgenommen werden.

Die Grüne Woche

Landwirtschaftsmesse entwickelt sich zum Massenevent

1952 Berlins Regierender Bürgermeister Ernst Reuter (1889–1953) – im Bild Zweiter von links in der Mittelgruppe – bewundert anlässlich der Grünen Woche im Jahr 1952 eine kleine Herde wohlgenährter Landschweine. Doch auch bei den übrigen Berlinern ist nach den kargen Nachkriegsjahren und in Zeiten steigender Industrialisierung das Interesse an der landwirtschaftlichen Schau groß. Ins Leben gerufen worden war die Messe bereits im Jahr 1926: Da die traditionelle Wintertagung der Deutschen Landwirtschaftsgesellschaft immer auch mit einem Verkauf von Agrarprodukten an die Städter einherging, entwickelte der Berliner Tourismusverband die Idee, Tagung und Verkauf im Rahmen einer Messe zu organisieren. Nach dem Krieg stehen jedoch bald nicht mehr nur heimische Agrarprodukte im Mittelpunkt, die Berliner lernen auf der Grünen Woche auch ausländische Spezialitäten wie Falafel oder Papayasaft kennen.

Vom Schweinesteak zum Elchbraten Obwohl es Falafel heute in Berlin-Kreuzberg an fast jeder Straßenecke und Papaya in allen gut sortierten Gemüseabteilungen gibt, übt die Grüne Woche immer noch eine ungebrochene Faszination auf ihre zahlreichen Besucher aus, gibt es doch immer wieder neue exotische Köstlichkeiten zu entdecken. Die meisten Messegäste kommen heute weniger zu Handelszwecken als vielmehr, um die zahlreichen an den verschiedenen Ständen angepriesenen Leckerbissen zu probieren – sei es Gurkenbier aus dem Spreewald, Gerstenmilch aus Estland oder Döner mit Elchfleisch. Gerade Länder, deren Spezialitäten noch keine internationale Anerkennung gefunden haben, und innovative regionale Hersteller nutzen die Grüne Woche, um ihre Produkte sowohl den Händlern als auch einem breiten Publikum bekannt zu machen. Neben den Lebensmittelständen sind vor allem die große Blumenhalle und – insbesondere bei Kindern – die Haustierausstellung sehr beliebt. Aber auch bei Fachbesuchern ist die Messe nach wie vor gefragt: Auf rund 300 Konferenzen haben sie die Möglichkeit, sich zu informieren und sich untereinander auszutauschen.

Avus-Rennen

Vergangener Nervenkitzel im Grunewald

1954 Im Großen Preis von Berlin erringen die „Silberpfeile" von Mercedes einen Dreifacherfolg: Es gewinnt der deutsche Rennfahrer Karl Kling vor dem amtierenden Weltmeister Juan Manuel Fangio aus Argentinien und dem deutschen Nachwuchsfahrer Hans Herrmann. 1921 war die AVUS als „Automobil-Verkehrs- und Übungs-Straße" eröffnet worden. Auf ihrer geradlinigen Rennbahn, die schon damals im Alltag als Autobahnteilstrecke diente, wurden zahlreiche Rekorde aufgestellt, immer wieder ereigneten sich jedoch in den überhöhten Kurven am Nord- und Südende schwere Unfälle. 1959 kam das endgültige Aus als Formel-1-Strecke, als der Rennfahrer Hans Hermann einen Unfall in der Südkurve nur mit Glück überlebte und der französische Sportwagenfahrer Jean Behra in der Nordkurve tödlich verunglückte.

75 Jahre AVUS Trotz einer Entschärfung der gefährlichen Nordkurve im Jahr 1967 kommt es weiterhin zu schweren Unfällen, sodass sich 1996 auch die Tourenwagen-Klassen DTM (Deutsche Tourenwagen-Meisterschaft) und STW (Super Tourenwagen Cup) von der AVUS verabschieden. Doch zum 75-jährigen Jubiläum der legendären Rennstrecke dürfen sich die Berliner Motorsportfreunde noch ein letztes Mal an einem Tourenwagen-Cup-Rennen erfreuen. Gewinner ist der italienische Audi-Pilot Emanuel Piro, der sich mit dem Sieg in Berlin auch vorzeitig die damalige STW-Meisterschaft sichert. Zwei Jahre später wird der Rennbetrieb auf der AVUS komplett eingestellt. Heute ist die Strecke nur mehr nördliches Teilstück der A 115, die den Berliner Stadtring mit dem Berliner Ring verbindet. Nur noch jeden ersten Sonntag im Juni wird die Strecke gesperrt, wenn auf der ehemaligen Rennbahn eine Fahrradsternfahrt mit Zehntausenden von Teilnehmern stattfindet.

Rathaus Charlottenburg

Bürgerliches Selbstbewusstsein platzt aus allen Nähten

19. Juni 1902 Die Charlottenburger legen den Grundstein für ihr neues Rathaus. Nach der Reichsgründung im Jahr 1871 hatte die Stadt westlich von Berlin einen regelrechten Boom erlebt. Die Einwohnerzahl wuchs rasant und auch bedeutende Betriebe der modernen Industrie wie Siemens und Schering siedelten sich hier an. 1878 gründete man die Technische Hochschule. Charlottenburg wurde die reichste Stadt ganz Preußens. Das alte Rathaus an der Berliner Straße (heute Otto-Suhr-Allee) war weder den gewachsenen Anforderungen noch dem gestiegenen Selbstbewusstsein der Charlottenburger Bürgerschaft angemessen. Daher sollte zur 200-Jahr-Feier der Stadt im Jahr 1905 ein neuer, repräsentativer Rathausbau zu seinem Abschluss kommen.

Markanter Rathausturm Nach der Eingemeindung 1920 ist das Rathaus Charlottenburg heute Sitz der Bezirksverwaltung. Die kommunalen Aufgaben sind jedoch inzwischen derart angewachsen, dass trotz der Größe des Baus hier nicht alle Abteilungen untergebracht werden konnten und daher einige aus dem Gebäude ausgelagert werden mussten. Äußerlich wurde das Rathaus mit seiner Jugendstilfassade nach Kriegsbeschädigungen wiederhergestellt. Sein rund 88 Meter hoher Turm gilt als legendenumwobenes Wahrzeichen Charlottenburgs. So erzählen sich die Berliner, Kaiser Wilhelm II. (1859–1941) habe es immer sorgsam vermieden, am Rathaus vorbeizufahren aus Ärger darüber, dass dessen Turm höher als die Kuppel des Schlosses Charlottenburg gewesen sei. Öffentlich zugänglich ist der Turm aus Sicherheitsgründen heute jedoch nicht mehr.

Schloss Charlottenburg

300 Jahre Herrschaftsarchitektur im Wandel

1950 Die Renovierung des im Krieg zerstörten Schlosses beginnt. Obwohl die starke Beschädigung des Bauwerks sowohl baulich als auch finanziell aufwendige Reparaturarbeiten nötig machte, entschied man sich für den Wiederaufbau – wohl auch deshalb, weil es das größte Schloss auf Westberliner Gebiet war. Die Residenz wurde Ende des 17. Jahrhunderts auf Wunsch der kunstliebenden Kurfürstin und späteren Königin Sophie Charlotte (1668–1705), Gattin König Friedrichs I. (1657–1713), als königlicher Sommersitz „Lietzenburg" im Stil des italienischen Barocks erbaut. Das Interesse der späteren preußischen Herrscher an Charlottenburg war jedoch höchst unterschiedlich. Manche vernachlässigten das Schloss, andere ließen es prächtig erweitern. So wurde die Anlage im Lauf der Zeit beispielsweise durch eine Orangerie, ein Theater und neue Wohnräume ergänzt. Immer wieder zogen sich die Erholung suchenden Mitglieder der Hohenzollern hierher zurück, wie beispielsweise verwitwete Königinnen oder auch der todkranke Kaiser Friedrich III. (1831–1888) im Jahr 1888.

Instandsetzung des ehemaligen Sommer- und Witwensitzes Mit einer Lichtinstallation präsentiert sich das Schloss 2005 zum 300-jährigen Bestehen Charlottenburgs. Das Fest erinnert an das Jahr 1705, als nach dem Tod seiner Gattin König Friedrich I. zu ihren Ehren das Schloss und das benachbarte Dorf Lietzenburg, das fortan das Stadtrecht erhielt, in „Charlottenburg" umbenennen ließ. Lange Jahre blieb das idyllische Charlottenburg in späterer Zeit Ausflugs- und Sommerfrischeziel der Berliner, bis es sich in der zweiten Hälfte des 19. Jahrhunderts zu einer wohlhabenden und modernen Stadt entwickelte, die 1920 dem Stadtgebiet Berlins eingemeindet wurde. Im Schloss Charlottenburg sind heute die historischen königlichen Wohnräume, eine Gemäldegalerie, das Museum für Vor- und Frühgeschichte und vor allem die Königlich Preußische Porzellansammlung zu bewundern.

Deutsche Oper
Wiederaufbau ohne Pomp und Pracht

1934 Vom reichen, selbstbewussten Bürgertum dieses Stadtteils 1911 als Gegenentwurf zur kaiserlichen Staatsoper Unter den Linden gegründet, unterstand die Deutsche Oper in Berlin-Charlottenburg seinerzeit dem Reichspropagandaministerium und damit dem direkten Befehl von Propagandaminister Joseph Goebbels. Dieser hatte geplant, hier ausschließlich „wirklich deutsche" Opern aufführen zu lassen und nicht etwa moderne Werke wie beispielsweise die des jüdischstämmigen Komponisten und Brechtfreundes Kurt Weill (1900 bis 1950), wie dies noch vor der Machtergreifung der Nationalsozialisten der Fall gewesen war. Doch zuerst noch sollte das Haus umgebaut werden und eine Führerloge erhalten, da es die Gründer des Opernhauses bewusst „klassenlos" und daher ohne Logen errichtet hatten.

Der Opernkrieg Nach dem Krieg wurde die 1943 durch Brandbomben zerstörte Deutsche Oper wieder aufgebaut. Während zuvor das Ensemble, das durch den Brand auch alle Kulissen und Kostüme verlor, den Betrieb in Ersatzspielstätten aufrecht erhielt, hatte der Berliner Architekt Fritz Bornemann (1912–2007) den Neubau provokant nüchtern als eine Absage an barocken Plüsch und goldenen Stuck gestaltet. Am 24. Oktober 1961 wurde das neue Gebäude mit Wolfgang Amadeus Mozarts (1756–1791) „Don Giovanni" eingeweiht. Mit fast 2000 Sitzplätzen ist die Deutsche Oper heute das größte Opernhaus Berlins. In Westberliner Zeiten war sie eine repräsentative Veranstaltungskulisse, seit der Wiedervereinigung ist jedoch ein nicht enden wollender Streit darüber entbrannt, ob sich die Stadt heutzutage noch drei Opernhäuser – die Deutsche Oper, die Staatsoper Unter den Linden und die Komische Oper – leisten kann.

Ernst-Reuter-Platz

Verkehrsknotenpunkt mit postmoderner Architektur

1945 In einem leicht gebeugten Winkel knickt die Berliner Straße vor der Technischen Hochschule in Charlottenburg ab und trifft sich an dieser Stelle mit einer anderen Hauptverkehrsachse, der Hardenbergstraße. „Am Knie" hieß deshalb die Kreuzung, auf der die Schulkinder im zerbombten Nachkriegsberlin unterwegs waren, bis zur Umbenennung am 3. Oktober 1953 zu Ehren des vier Tage zuvor verstorbenen legendären Berliner Bürgermeisters Ernst Reuter (1889–1953). Schon vor der kriegsbedingten Zerstörung hatte Hitlers Architekt Albert Speer deutliche Veränderungen im örtlichen Stadtbild erwirkt, denn das „Knie" sollte Teil der großen repräsentativen Ost-West-Achse in der geplanten „Welthauptstadt Germania" werden und daher in Zukunft schnurgerade verlaufen.

Tosender Verkehr 1955 wurde ein Architektenwettbewerb ausgeschrieben, um den stark beschädigten Platz neu zu gestalten. Das Ergebnis ist ein nüchterner, recht ausdrucksloser Verkehrsknotenpunkt: Das mit Blumenrabatten gestaltete Platzzentrum wird von einem dreispurigen, stark befahrenen Kreisverkehr umrahmt. Dennoch gelten einige der den Platz säumenden Bauten als bedeutende Zeugnisse der Postmoderne, etwa das zwischen 1958 und 1960 errichtete Telefunkenhochhaus (rechts im Bild), das inzwischen sogar unter Denkmalschutz steht und von der Technischen Universität genutzt wird.

Marheineke-Markthalle

Neu errichtet, saniert und umgebaut

Um 1949 Die alte Markthalle am Marheinekeplatz in Berlin-Kreuzberg wird wieder aufgebaut. Während die Gründerzeithäuser an der Bergmannstraße rund herum vom Krieg nur wenig in Mitleidenschaft gezogen worden waren, blieben von der Halle nur ein Mauerrest und die Keller übrig. 1949 sorgte eine Interessengemeinschaft ansässiger Händler für den Wiederaufbau. Die Markthalle wurde von den Grundmauern auf neu errichtet. Die geräumige Halle am Marheinekeplatz war 1892 als eine der letzten von insgesamt 14 Markthallen in Berlin gebaut worden. Große Markthallen sollten für eine Befreiung der Straßen von den hier zahlreich angesiedelten Marktständen sorgen. Von den in dieser Zeit erbauten Hallen sind heute nur noch drei – die Marheineke-Halle, die Eisenbahn-Halle in Kreuzberg und die Arminius-Halle in Moabit – übrig geblieben. Stattdessen dominieren in Berlin wieder die Freiluftmärkte.

Neues Ambiente 2007 wurde die Marheineke-Markthalle innerhalb von elf Monaten saniert und umgebaut. Die düstere alte Halle sollte heller und freundlicher werden. Zu diesem Zweck wurde unter anderem die Sudfassade der Halle großflächig verglast und im Dach sorgen nun zusätzliche Fenster für mehr Helligkeit. Guten Überblick bietet eine Galerie an der Nordseite, die durch breite Treppen und einen Fahrstuhl zu erreichen ist. Das Resultat gefällt jedoch nicht jedem: Manche der langjährigen Kunden sind der Ansicht, das alte Markthallenflair sei verloren gegangen und die runderneuerte Halle gleiche einem gewöhnlichen Einkaufszentrum – zumal sich hier jetzt auch eher markthallenuntypische Läden finden. Um den Charakter dennoch bestmöglich zu wahren, findet man hier keine großen Handelsketten. Im neuen, lichten Ambiente ist auch das Angebot edler, mit vielen Biowaren und Lebensmitteln aus der Region.

Hufeisensiedlung Neukölln

Vollendung eines Großbauprojekts

1931 Anfang der 1930er-Jahre ist bereits ein Großteil der Hufeisensiedlung im Berliner Stadtteil Neukölln fertiggestellt. Im Rahmen des von der gemeinnützigen Wohnungsbaugesellschaft GEHAG ins Leben gerufenen Bauprojekts sollten auf dem Gebiet des ehemaligen Ritterguts Britz helle und zweckmäßige, aber gleichzeitig auch bezahlbare Wohnungen für Arbeiter und kleine Angestellte entstehen, die in anderen Teilen der Stadt oft noch in beengten, dunklen und feuchten Hinterhofwohnungen hausen mussten. Geschaffen wurde die Wohnsiedlung von den Architekten Martin Wagner (1885–1957) und Bruno Taut (1880–1938). Gerade Taut legte viel Wert darauf, dass seine Siedlungen nicht nur funktional, sondern auch ansprechend gestaltet waren. Im Gegensatz zu vielen seiner Kollegen nutzte er für seine Bauentwürfe kräftige Farben, lockerte die Fassaden mit belebenden Elementen wie Sprossenfenstern oder Klinkerstreifen auf und sorgte für viel Grün zwischen den Häusern.

Denkmalgeschütztes Wohnen im Grünen Obwohl die Wohnungen der inzwischen unter Denkmalschutz stehenden Siedlung mit dem charakteristischen hufeisenförmigen Bau in ihrer Mitte relativ klein sind, sind sie wegen ihrer zugleich praktischen und ästhetischen Gestaltung auch heutzutage sehr begehrt. Die Hufeisensiedlung schlägt damit in der Beliebtheitsskala die meist weniger attraktiven Nachkriegssiedlungen, in denen möglichst viele Menschen auf kleinem Raum untergebracht werden sollten, wie etwa das Märkische Viertel oder die Gropiusstadt, um Längen. Ähnliches gilt für viele andere Modellsiedlungen aus der Weimarer Zeit, etwa die ebenfalls von Taut geschaffenen Siedlungen „Onkel Toms Hütte" in Zehlendorf und die „Gartenstadt Falkenberg" in Köpenick, die wegen ihrer typischen „Taut'schen" Farbgebung auch als „Tuschkastensiedlung" bezeichnet wird.

Wannsee

Badewanne und Strandbad mit Geschichte

1932 Im Strandbad Wannsee herrscht schon in den 1930er-Jahren Hochbetrieb. Bis zu 30 000 Besucher finden hier Platz, auch wenn bei derartigem Andrang für den einzelnen nicht mehr viel Raum bleibt. Der 2,7 Quadratkilometer große Wannsee ist eigentlich eine Havelausbuchtung und gilt als die Badewanne Berlins. Gerade für Geringverdiener war er eine Alternative zur Sommerfrische an der Ostsee, weshalb auch so mancher Besserverdienende die Nase über den „Lido der Armen" rümpfte. Seit 1930 schmückt das Strandbad ein 540 Meter langer, moderner Gebäudekomplex im Stil der „Neuen Sachlichkeit" mit Umkleidekabinen, Promenadengängen, zahlreichen Verkaufsständen bis hin zu Postamt und einem Restaurant. Die Tradition des Strandbads reicht bis ins Jahr 1907 zurück, als der Landrat des Kreises Teltow, zu dem der Wannsee damals noch gehörte, an dieser Stelle das Badeverbot in der Havel aufhob.

„Pack' die Badehose ein …" trällerte Kinderstar Conny Froboess 1951 und machte den Wannsee damit über die Grenzen Berlins hinaus bekannt. Nach wie vor ist der See das beliebteste Naherholungsziel der Stadt, doch so voll wie auf diesem Foto ist es im Strandbad mittlerweile selten. Mit der deutschen Einheit hat das Badeparadies im Berliner Südwesten Konkurrenz bekommen, beispielsweise durch den Müggelsee im Osten der Stadt oder die zahlreichen Brandenburger Seen. Das Strandbad mit seinem zwischen 2005 und 2007 restaurierten, denkmalgeschützten Gebäudeensemble kann nur noch dank staatlicher Zuschüsse existieren. Trotzdem gibt es viele Berliner, die die gemütlichen Strandkörbe, den eigens von der Ostsee herangekarrten Sandstrand und den für Kinder idealen flachen Uferbereich zu schätzen wissen.

Glienicker Brücke

Agentenaustausch und Trabi-Ansturm

1986 Der Name „Brücke der Einheit" täuscht: In Wahrheit ist der Grenzübergang zwischen Westberlin und Potsdam auf der Glienicker Brücke während der DDR-Zeit nur für wenige Angehörige der alliierten Militärbehörden passierbar. Bekannt ist die gut abschirmbare Brücke vor allem durch die Szenen des Austauschs von West- gegen Ostagenten, die sich hier in den 1960er-Jahren abspielten. Eine Brücke der Einheit war die Glienicker Brücke auch in ihrer früheren Geschichte selten: Im 17. Jahrhundert war sie ausschließlich für Adelige angelegt worden, die in den Wäldern rund um den Wannsee auf die Jagd zu gehen pflegten. Später durften hier auch Bürgerliche passieren, mussten aber bis 1874 „Chausseegeld", also Maut, zahlen.

Die Grenzen fallen Am 10. November 1989 wird auch die Grenze auf der Glienicker Brücke geöffnet. Riesige Trabi-Kolonnen rollen umsäumt von jubelnden Menschen von Ost nach West. Heute verbindet die Brücke die mondäne „Berliner Vorstadt" Potsdam, den Wohnort der Reichen und Prominenten, mit den ausgedehnten Waldgebieten des Berliner Stadtteils Wannsee. Unmittelbar im Westen schließen sich Volkspark und Schloss Glienicke an, die Prinz Carl von Preußen (1801–1883) sich im 19. Jahrhundert als Sommersitz gestalten ließ. Maßgeblich daran beteiligt war der berühmte Architekt Karl Friedrich Schinkel (1781–1841), der zwischen 1831 und 1834 auch für den Umbau der Glienicker Brücke von der früheren Holz- zur Steinbrücke verantwortlich war.

Alter Markt in Potsdam

Vergehen und Entstehen im historischen Zentrum

1960 Der Alte Markt, historischer Kern Potsdams, ist in den 1960er-Jahren immer noch eine gewaltige Baustelle, in deren Vordergrund eine große Lücke klafft. Die Verantwortlichen hatten sich trotz heftiger Proteste entschieden, das im Krieg bombardierte und ausgebrannte barocke Stadtschloss abzureißen. Die von Karl Friedrich Schinkel (1781–1841) erbaute klassizistische St. Nikolaikirche wurde dagegen wieder instand gesetzt. Nur Kreuz und Laterne auf der Kuppel fehlten noch. Die Restaurierungsarbeiten für das Alte Rathaus mit der goldenen Atlasstatue (rechts im Hintergrund) hatten dagegen gerade erst begonnen.
Der Platz wurde im 18. und frühen 19. Jahrhundert als geschlossenes Ensemble gestaltet, das durch den Marmorobelisken die Aura römischer Antike erhalten sollte. Durch den Abriss des Schlosses ging dieser Charakter verloren, zumal ein Teil der frei gewordenen Fläche für eine große Straßenkreuzung genutzt wurde.

Stadtschloss – ja oder nein? Heute markieren nur noch die Grünanlagen vor der Nikolaikirche den Grundriss des alten Potsdamer Stadtschlosses. Doch nach einer hitzig geführten Debatte ist nun der Wiederaufbau des Stadtschlosses geplant. Zumindest äußerlich: In seinem Inneren soll das neue „alte" Schloss nach seiner Fertigstellung den Brandenburger Landtag beherbergen und wird diesem Zweck auch architektonisch angepasst. Die Fassade hingegen soll aus erhalten gebliebenen Bauteilen, darunter vielen großen Skulpturen, rekonstruiert werden, die in den Neubau integriert werden. Schon zu sehen ist das Fortunaportal, das 2002 mithilfe privater Spenden wieder errichtet wurde.

Historische Mühle Sanssouci

Später Wiederaufbau einer „proletarischen Legende"

1945 Waren die Zerstörungen des Zweiten Weltkriegs am Potsdamer Schloss Sanssouci noch nahezu spurlos vorübergegangen, konnte die historische Windmühle im Schlosspark dieses Schicksal nicht teilen: Infolge der Kampfhandlungen bei der Einnahme Potsdams durch die Rote Armee im April 1945 geriet die jahrhundertealte Mühle in Brand und wurde stark beschädigt. Der Legende nach soll das Geklapper der ursprünglichen Mühle, die seit 1738 am Standort des heutigen Mühlengebäudes gestanden hatte, König Friedrich den Großen (1712–1786), der in den Jahren 1745 bis 1747 auf dem Gelände Park und Schloss von Sanssouci anlegen ließ, gestört haben, sodass er dem Müller ihren Kauf anbot und ihm nach dessen Weigerung sogar mit Zwangsenteignung drohte. Der Müller erklärte daraufhin, er wolle sein Recht vor dem Berliner Kammergericht suchen. Diese Courage soll dem König derart imponiert haben, dass er nachgab und die Mühle stehen ließ. In Wahrheit aber hatte der König die Mühle von Anfang an als Bereicherung für seinen Schlosspark empfunden. Seine Nachfolger ließen das baufällig gewordene Gebäude um 1790 gar neu entstehen, der Mühlenbetrieb wurde jedoch 1858 eingestellt.

Die Mühle mahlt wieder Zwar erzählt die Legende des Müllers von Sanssouci vom Sieg des einfachen Arbeiters über den König, sodass man hätte vermuten können, sie wäre schon zu Beginn der DDR-Zeit als ein Symbol der Herrschaft des Proletariats wiederaufgebaut worden – dem war jedoch nicht so. Erst 1983 begann man langsam, die Überreste wieder instand zu setzen. Die eigentliche Restaurierung setzte erst nach der Wiedervereinigung ein. Zwischen 1991 und 1994 wurde das Bauwerk aus Spendengeldern wieder errichtet. Inzwischen darf die seit 1995 von einem gemeinnützigen Verein betriebene Mühle sogar wieder mahlen und ist damit eine der größten im Betrieb befindlichen Mühlen Deutschlands.

Stadt bis zum Horizont Der Blick aus der Luftperspektive eröffnet das Panorama des östlichen Zentrums von Berlin mit dem Fernsehturm, dem Bahnhof am Alexanderplatz und dem neuen Einkaufszentrum „Alexa" (unten, Mitte).

In den Ostbezirken und rund um den Alexanderplatz

Das Leben kehrt zurück Auch heute noch präsentiert sich der „Alex" als lebendiger Treffpunkt in der City. Das war schon im alten Berlin nicht anders: Hier, im Rücken des Schlossbezirks, wohnten die kleinen Leute, oft Zuzügler aus Schlesien und Pommern, und hier blühte nach dem Zweiten Weltkrieg der Schwarzhandel in den Hinterhöfen. Während der DDR-Zeit galten die neuen Plattenbausiedlungen am Rand der Stadt in Marzahn oder Lichtenberg oft als attraktiver als die Altbauten im Prenzlauer Berg oder in Friedrichshain. Nach der Wende jedoch entwickelten sich die zentralen Bezirke Ostberlins mit ihrem alten Baubestand zu den angesagtesten Vierteln der Hauptstadt.

Postfuhramt

Wilhelminischer Prachtbau, liebevoll verkleidet

1996 Erst vor wenigen Jahren wurden die letzten Kriegsschäden am alten Kaiserlichen Postfuhramt in der Oranienburger Straße beseitigt. Im Wilhelminischen Kaiserreich konnte kein öffentlicher Bau monumental genug sein, und so wurde auch das zwischen 1875 und 1881 erbaute Postfuhramt zu einem Prachtbau mit Kuppel und reichem symbolischen Dekor. So schmücken die Fassade im Erdgeschoss etwa die Porträts von 25 historischen Persönlichkeiten, die sich um das Kommunikationswesen verdient gemacht haben, vom persischen König Darius I. (um 549–485 v. Chr.) bis hin zu Elektronikpionieren wie Werner von Siemens (1816–1892) und Gustav Robert Kirchhoff (1824–1887). Der Name verrät die Geschichte des Baus: Das Amtsgebäude diente ehemals als Standort für Postwägen und Pferde. Im Hof hinter der Prachtfassade waren einst Remisen und Stallungen für etwa 250 Vierbeiner untergebracht.

Kunstwerk aus Liebesbriefen Was ist das Schönste, das der Postbote bringen kann? Natürlich Liebesbriefe, dachte sich der Aktionskünstler HA Schult und rief dazu auf, ihm Liebesbriefe zu schicken. Mit diesen verkleidete er dann im Oktober 2001 – auf Spezialfolie vergrößert, damit das Geschriebene wetterfest und für Passanten gut zu lesen ist – das ehemalige Postgebäude in der Oranienburger Straße. Die Originale wurden im Inneren zu Installationen gruppiert. Aber auch sonst finden im alten Postfuhramt künstlerische Ausstellungen Platz. Von 1997 bis 2001 war das Gebäude Veranstaltungsort der „Berlin Biennale" für zeitgenössische Kunst, seit 2006 befinden sich hier Ausstellungsräume für Fotokunst.

Bernauer Straße

Spektakuläre Mauerfluchten

8. Oktober 1961 Ein Arbeiter vermauert die Fenster eines Hauses der Bernauer Straße in Berlin-Mitte. Am 13. August hatte die DDR-Führung begonnen, eine Mauer zwischen dem Westteil und dem Osten der Stadt zu errichten, genau entlang der Bernauer Straße. Die Häuser wurden deshalb zwangsgeräumt und die nach Westen gelegenen Eingänge sowie die unteren Fenster versperrt. Aber immer wieder flüchteten Menschen in die oberen Stockwerke der Häuser, um mit einem Sprung aus dem Fenster in den Westen zu gelangen. Die DDR-Führung ließ daraufhin auch diese Fenster schließen. In der Folgezeit versuchten viele Menschen – zuweilen auch erfolgreich –, von den Kellern an der Bernauer Straße aus Fluchttunnel in den Westen zu graben. In der Zeit ab 1963 wurden die Häuser daher ganz abgerissen und durch Sperranlagen ersetzt.

Suche nach den Spuren In der Euphorie der Wiedervereinigung beseitigte man schnell nahezu alle der unliebsamen Grenzanlagen zwischen der ehemaligen DDR und der BRD einschließlich der menschenverachtenden Berliner Mauer. Heute vermissen viele diese Mahnmale, die an die damalige Zeit erinnern sollen. Die Technische Universität Berlin führt deshalb 2007 an der Bernauer Straße eine archäologische Suche durch, bei der Reste der alten Grenzanlagen gesichert werden. Bei Führungen können sich die interessierten Besucher über die zahlreichen Umbauten und die technische Weiterentwicklung der ehemaligen Berliner Mauer informieren.

Bernauer Straße
Erlebbare Teilung

25. September 1961 Keine anderthalb Monate nach Baubeginn war die Mauer bereits zur Touristenattraktion geworden. Berlinbesucher versuchten, von den Dächern ihrer Busse aus einen Blick auf die Welt jenseits des Stacheldrahts zu werfen. Auf der Ostseite der Bernauer Straße standen einige der Häuser recht nah an der Mauer und es gab Flüsterecken, an denen die Ostbürger Kontakt mit „drüben" aufnehmen konnten. In der Folgezeit wurde auf der Westseite an der Ecke Bernauer Straße/Oderberger Straße eine Aussichtsplattform errichtet, von der aus Westberliner und Besucher in den Osten hinüberschauen konnten. Ähnliche Plattformen wurden auch an vielen anderen Orten der Stadt, vor allem am Brandenburger Tor, errichtet – eine zugleich makabre und wahrlich zweifelhafte Freizeiteinrichtung.

Der Verkehr fließt wieder Heute ist die Bernauer Straße eine ganz normale Berliner Hauptverkehrsachse, die nur noch die Bezirke Mitte und Wedding trennt. Wer wissen will, wie es hier zu Zeiten der deutschen Teilung aussah, muss sich zum westlichen Ende der Straße begeben: Dort befindet sich in der Nähe des Nordbahnhofs die Mauer-Gedenkstätte: der einzige Ort in Berlin, an dem sich heute noch studieren lässt, wie die Grenzbefestigungen der DDR, die keineswegs nur aus einer simplen Mauer bestanden, wirklich aussahen. Allerdings handelt es sich nicht mehr um das Original der Grenzanlage, sondern um eine Rekonstruktion, wenn auch am originalen Ort. Ein Dokumentationszentrum und eine Versöhnungskapelle ergänzen die Gedenkstätte.

Versöhnungskirche
Vom Schießstand zum Mauergedenken

10. Januar 1985 Der 75 Meter hohe Turm der Versöhnungskirche an der Bernauer Straße fällt in sich zusammen. Gottesdienste hatten hier schon seit 1961 nicht mehr stattgefunden, denn die Kirche, die 1894 auf Betreiben von Kaiserin Auguste Victoria (1858–1921) gebaut worden war, lag direkt an der Berliner Mauer. Im August 1961 fanden sich zunächst die Gläubigen aus dem Westen durch ein zugemauertes Hauptportal ausgesperrt, im Oktober durften auch Christen aus dem Osten der Stadt die Kirche nicht mehr besuchen. Stattdessen hatten seitdem die DDR-Grenztruppen den Kirchturm als Geschützstand missbraucht. Schließlich beschloss die DDR-Führung im Rahmen eines „Maßnahmeplans für die Erhöhung von Sicherheit, Ordnung und Sauberkeit an der Staatsgrenze" die Beseitigung der Kirche.

Aus Schutt gebaut An der Stelle der großen neogotischen Versöhnungskirche aus dem 19. Jahrhundert steht seit November 2000 eine kleine Kapelle aus Holz und Lehm, die gerade einmal 100 Menschen Platz bietet. Nach der Wiedervereinigung wurde das Grundstück 1995 an die Evangelische Versöhnungsgemeinde zurückgegeben, die sich entschloss, einen Neuanfang im Sinne des Mauergedenkens zu suchen. An die Versöhnungskapelle schließt sich im alten Gemeindehaus die Gedenkstätte Berliner Mauer an. Der Lehm für die Wände der Kapelle ist teilweise aus dem Bauschutt der alten Versöhnungskirche gewonnen worden. Ferner sind die Glocken und der Altar der alten Kirche in den Neubau integriert. Das Einzugsgebiet der Gemeinde reicht heute wieder in die beiden Bezirke Mitte (Ost) und Wedding (West).

Neue Synagoge

Kultur- und Gemeindezentrum, originalgetreu rekonstruiert

1866 Der Stahlstich zeigt die am 5. September desselben Jahres eingeweihte Neue Synagoge an der Oranienburger Straße. Die alte Synagoge in der Nähe des Hackeschen Marktes war für die wachsende jüdische Gemeinde Berlins zu klein geworden und man beschloss einen repräsentativen Neubau. Geplant vom Architekten Eduard Knoblauch (1801–1865) und realisiert vom preußischen Hofbaurat Friedrich August Stühler (1800–1865), entstand ein orientalisches Märchenschloss, das sich am Prachtbau der berühmten Alhambra in Granada orientierte. Die ansonsten eher neogotische, neobarocke oder neoklassizistische Bauten gewohnte Berliner Öffentlichkeit reagierte auf das Bauergebnis überwiegend begeistert.

Pogrom und Bomben Die Flammen auf diesem Foto sind zwar nur Retusche, gebrannt hat die Synagoge in der Reichspogromnacht vom 9. November 1938 jedoch tatsächlich. In der Nacht, in der fast alle anderen deutschen Synagogen zerstört wurden, konnte der Polizeibeamte Wilhelm Krützfeld (1880–1953) allerdings Schlimmeres verhindern, indem er die Nazi-Brandstifter vertrieb und die Feuerwehr zum Löschen herbeirief. 1940 wurde das Gotteshaus von den Nationalsozialisten als Uniformlager missbraucht, am 22. November 1943 wurde es von den Bomben der Alliierten schwer beschädigt.

Centrum Judaicum Heute erstrahlt die Fassade der Neuen Synagoge wieder in altem Glanz. Doch nur die Hauptfassade wurde zwischen 1988 und 1994 wieder originalgetreu aufgebaut. Hinter der Mauerfassade befindet sich heute kein großer Gottesdienstraum mehr, sondern das „Centrum Judaicum", ein Ensemble aus kleineren Andachtsräumen, Ausstellungen und Einrichtungen der jüdischen Gemeinde Berlins, sowie ein Restaurant, ein Café und eine Kunstgalerie. Als Hauptsynagoge dient hingegen mittlerweile die Synagoge in der Rykestraße zwischen dem Prenzlauer Berg und Pankow, die 1938 die Pogromnacht ebenfalls überstand, weil sie so dicht von Wohnhäusern umschlossen war, dass die Nazi-Schergen aus Angst vor einem Übergreifen der Flammen auf die umliegenden Bauten nicht wagten, sie in Brand zu stecken.

Friedrichstadtpalast

Von der Zirkusmanege zum Revuetheater

Um 1949 Seit der Verstaatlichung im Jahr 1947 prangt der neue Name „Friedrichstadtpalast" auf dem einstigen Großen Schauspielhaus am Schiffbauerdamm schräg gegenüber dem S-Bahnhof Friedrichstraße. Eigentlich sollte das Gebäude als Markthalle dienen, als diese aber bereits nach sieben Monaten Pleite ging, richtete im Jahr 1873 der Zirkus Renz darin sein Quartier ein. Ein offen durch das Gebäude fließender Kanal erlaubte sogar Wassernummern während der Vorführungen. 1919 übernahm der berühmte Regisseur Max Reinhardt (1873-1946) das Gebäude für monumentale Theaterinszenierungen mit großem Statistenaufgebot und ausgefeilter Bühnentechnik. In den 1920er-Jahren traten hier unter anderem Marlene Dietrich und die Comedian Harmonists auf.

Neuer Standort, neues Flair Der heutige Friedrichstadtpalast steht nicht mehr am Schiffbauerdamm, sondern einige Hundert Meter „um die Ecke" an der Friedrichstraße. 1980 musste das alte Gebäude geschlossen und abgerissen werden, da die Fundamente im sumpfigen Untergrund verrottet waren. Der neue Friedrichstadtpalast wurde 1984 eröffnet und galt als größte Revue-Halle Europas. Eine ausfahrbare Wasserbühne knüpft an die alte Tradition des Zirkus Renz an, und auch die Unterhaltungsvorführungen des hauseigenen Ensembles werden von modernster Bühnentechnik unterstützt. Das etwas verruchte Revue-Flair der 1920er-Jahre findet man hier heutzutage allerdings nicht mehr.

FRIEDRICHSTADT PALAST
Casanova
Willkommen Welcome Bienvenue Bienvenido
WELCOME
WILLKOMMEN

DomAquarée
Entstehung eines neuen Luxusbaus

25. Mai 2001 Das ehemalige Palasthotel in der Karl-Liebknecht-Straße in Berlin-Mitte zeigt sich nur noch als Ruine. 16 000 Kubikmeter Schutt sind beim Abriss des einstigen DDR-Renommierhotels entstanden. Der 1979 eröffnete Luxusbau in exponierter Lage gegenüber dem Berliner Dom und dem Palast der Republik verfügte über 600 Zimmer mit 1000 Betten, einen Kongresssaal mit mehreren Hundert Plätzen, ein Schwimmbad und zwölf gastronomische Bereiche. Hier konnten Ausländer gegen harte Devisen zahlreiche Annehmlichkeiten genießen, die ansonsten im Arbeiter- und Bauernstaat eher spärlich gesät waren. Nach der Wiedervereinigung übernahm 1992 die Radisson SAS-Hotelkette das Haus.

CityQuartier mit einzigartigem AquaDom Nach dem Abriss entstand an der Stelle des einstigen Palasthotels zwischen Dom und Alexanderplatz das CityQuartier DomAquarée, das 2003 eröffnet wurde. Mittelpunkt des Gebäudekomplexes, auf den hier vom Berliner Dom aus geblickt wird, ist ein Radisson-Blu-Luxushotel, das in einem als Lobby fungierenden Innenhof das größte zylindrische Salzwasseraquarium der Welt beherbergt. In der Mitte des insgesamt 25 Meter hohen AquaDoms können die Besucher in einem gläsernen Aufzug durch eine 16 Meter hohe Wassersäule fahren und dabei die exotischen Bewohner des Riesenaquariums bewundern. Daneben lockt mit dem „Sea Life Berlin" eine Aquarienwelt, in welcher der Weg des heimischen Wassers von den Spreequellen über den Wannsee und die Elbe bis in die Meere vor Europas Küsten verfolgt werden kann.

Nikolaiviertel

Wiederherstellung des historischen Kerns von Berlin

14. Mai 1984 Anlässlich der 750-Jahr-Feier der Stadt Berlin im Jahr 1987 beginnt man einige Jahre zuvor damit, die Nikolaikirche das älteste Gebäude der Stadt – wieder aufzubauen. Im Zweiten Weltkrieg wurde das Nikolaiviertel weitgehend zerstört und auch von der Kirche blieben nur die Außenwände stehen. In der DDR war man zunächst eher am Bau moderner Vorzeigeprojekte interessiert und besann sich erst anlässlich des anstehenden Stadtjubiläums auf das „alte Berlin". Die Nikolaikirche war zwischen 1220 und 1230 als schlichte Feldsteinkirche errichtet und später zu einer gotischen Basilika ausgebaut worden. Sie bildete das Zentrum der historischen Siedlung mit Namen „Berlin" – abgeleitet von der slawischen Silbe „berl" (Sumpf) – zwischen Spree und dem heutigen Roten Rathaus, während auf der Westseite der Spree die bereits sieben Jahre früher belegte Siedlung Cölln lag, deren erste urkundliche Erwähnung im Jahr 1237 als das „Gründungsdatum" Berlins gilt.

Stilmix aus Alt und Neu Pünktlich zur 750-Jahr-Feier ist das Nikolaiviertel wieder aufgebaut. Vom Standpunkt des Denkmalschutzes gesehen, wird die Instandsetzung überwiegend kritisch beäugt. Teilweise erhielten die Neubauten nur historische Fassaden und sind im Inneren modern gestaltet, alte und neue Elemente mischen sich und manches ist gar zu deutlich nur „auf alt gemacht". Zudem wurden hier auch Kopien von Gebäuden errichtet, die ursprünglich gar nicht im Nikolaiviertel standen. Den meisten Berlinbesuchern gefällt das idyllisch wirkende Viertel an der Spree mit seinen vielen kleinen Läden und Restaurants trotzdem – gerade weil das Viertel in einem erholsamen Gegensatz zu den anderen, meist „jüngeren" Sehenswürdigkeiten des Stadtteils Berlin-Mitte steht. Darüber hinaus ist die Nikolaikirche wegen ihrer ausgezeichneten Akustik auch als Veranstaltungsort für klassische Konzerte sehr beliebt.

Alexanderplatz

Geschäftiges Herz der Großstadt

Um 1900 Der Alexanderplatz ist um die Jahrhundertwende ein Verkehrsknotenpunkt. Aber obwohl er nach dem russischen Zaren Alexander I. benannt ist, der hier 1805 mit einer Parade empfangen wurde, ist er kein besonders feiner Platz. Im 17. Jahrhundert diente er als Viehmarkt und wurde auch Ochsenmarkt genannt. Später wuchs rund herum eine teils illegal gebaute Vorstadt für ärmere Leute mit großen Mietsblocks und düsteren Hinterhofwohnungen. Erst im 19. Jahrhundert wurde der Platz repräsentativer. Es entstanden das Königstädtische Theater (links im Bild), das Rote Rathaus (im Hintergrund), der große Stadtbahnhof Alexanderplatz (rechts), davor die über 7 Meter hohe Kupferstatue der „Berolina" und ein Grandhotel. Seinen wirklichen Boom erlebte der Alexanderplatz, als hier ab 1904 die drei großen Kaufhäuser Tietz, Wertheim und Hahn errichtet wurden und der Platz in den „Goldenen Zwanzigern" zum Inbegriff des pulsierenden Berliner Lebens wurde.

Platz des Wandels Der Turm des Roten Rathauses im Hintergrund bleibt als Konstante. Ansonsten hat sich das Gesicht des Alexanderplatzes im Laufe der letzten hundert Jahre mehrmals gewandelt, angefangen vom Bau des damals hochmodernen Berolina-Hauses (rechts im Bild) im Jahr 1929. Vor allem nach dem Zweiten Weltkrieg wurde der Platz massiv vergrößert, da sich die DDR-Führung einen großen Aufmarschplatz wünschte. Auch seit der Wiedervereinigung gibt es ständig wechselnde Großbaustellen, sei es für eine geänderte Straßenbahnführung oder ein neues Shopping-Paradies. Ein einheitliches Konzept konnte aber nicht umgesetzt werden. Und so ist der Alexanderplatz im Grunde doch das geblieben, was er immer war: ein äußerst geschäftiger Platz mit viel Verkehr, ein beliebter Treffpunkt, wo jedoch kaum jemand länger verweilt, unübersichtlich, nicht besonders attraktiv, aber ein Ort, wo der Pulsschlag der Großstadt zu spüren ist.

Luisenstraße

Eine „Platte" macht Platz für das neue Regierungsviertel

April 2004 Noch steht die „Platte", doch der Abriss hat schon begonnen. Die 1990 errichteten Wohnhäuser an der Berliner Luisenstraße müssen dem neuen Regierungsviertel weichen. Der Plattenbau ist eine Bauweise aus Fertigbetonteilen, die zu Beginn des 20. Jahrhunderts entwickelt wurde. Als Plattenbau bezeichnet man jedoch im Allgemeinen auch große Siedlungen, die in dieser Technik erbaut sind und deren Bauweise sehr geradlinig, gleichförmig und schmucklos wirkt. Solche Siedlungen wurden zwar auch im Westen errichtet, etwa das Märkische Viertel in Reinickendorf und die Gropiusstadt in Neukölln; im Osten aber, wo man den Wohnungsmangel nach dem Krieg möglichst schnell und billig beheben musste, wurde „die Platte" zur dominierenden Bauweise. Vor allem in den 1970er-Jahren wurden ganze Plattenbau-Stadtteile aus dem Boden gestampft. Die optisch nicht gerade ansprechenden Bauten waren bei den Mietern jedoch nicht unbeliebt, da die Wohnungen meist wesentlich komfortabler als Altbauten waren.

Die letzte „Platte" ist verschwunden Nach Abschluss des Abrisses wurde am Standort des letzten DDR-Plattenbaus eine Grünfläche angelegt. Die Kosten für den Abbruch beliefen sich auf etwa 2 Millionen Euro, die einst 172 Mieter der „Platte" erhielten vom Bund Ersatzwohnungen und eine Umzugskostenerstattung. Der Maßnahme war ein jahrelanger Streit zwischen den Mietern und dem Bund vorangegangen, doch schließlich mussten die Wohngebäude dem optischen Gesamteindruck des neuen Regierungsviertels weichen: Der Plattenbau stand quer zu der architektonischen Großfigur des „Bandes des Bundes" im Spreebogen (vgl. Seite 11). Als Bestandteil dessen war zu dieser Zeit bereits das im Dezember 2003 feierlich eingeweihte Marie-Elisabeth-Lüders-Haus für die Abgeordneten des Deutschen Bundestags weitgehend fertiggestellt, das hier in einer Aufnahme vom September 2010 zu sehen ist. Im Herbst 2007 war beschlossen worden, das Lüders-Haus bis direkt an die Luisenstraße zu erweitern. Ende 2013 sollen die ersten Bundestagsabgeordneten und ihre Mitarbeiter in den Erweiterungsbau einziehen, der an der Luisenstraße einen neuen Haupteingang mit Freitreppe erhalten soll.

Berliner Mauer

Symbol einer geteilten Stadt

18. August 1961 Bewacht von bewaffneten Volkspolizisten arbeitet eine Maurerkolonne am Bau der Grenzanlage, die den sowjetischen Sektor in Ostberlin von den drei Besatzungszonen der Westalliierten trennen soll. Die Arbeiten hatten am 13. August des Jahres begonnen. Bereits über 2,5 Millionen Menschen hatten zuvor die sozialistische Volksrepublik verlassen. Mit der Grenzsetzung wollte die DDR-Regierung nun die massive Abwanderung in den Westen stoppen. Zwar waren die Grenzen zwischen den beiden deutschen Staaten schon seit 1952 dicht, doch die Sektorengrenze in Berlin war als „Schlupfloch" bislang offen geblieben. Während der Mauerbau viele Berliner wie ein Schock traf und ganze Familien auseinanderriss, hatten die westlichen Alliierten eine entsprechende Maßnahme längst vorausgeahnt, wagten aber aus Angst vor einem Krieg nicht einzugreifen.

Störende Reste Nach der Öffnung der innerdeutschen Grenzen wurden große Teile der Berliner Mauer schnell abgerissen. Das lag nicht nur daran, dass die Menschen das Symbol der deutschen Teilung möglichst radikal vernichten wollten, sondern auch daran, dass die Mauer vielen Bauvorhaben im neuen Berlin schlichtweg im Wege stand. So versetzen Bauarbeiter im Jahr 1997 vor dem Berliner Reichstag ein stehen gebliebenes Mauerstück, um Platz für die künftige Straßenführung im neuen Berliner Regierungsviertel zu schaffen. Die Betonwand soll, ein Stück weiter entfernt, als Denkmal erhalten bleiben.

Mauergedenken
Geschichtsträchtige Spuren in der Stadt

1990 Zwischen den Berliner Bezirken Friedrichshain und Kreuzberg ist die Mauer auch nach der Wende noch erlebbar. Die Mauerreste, aus denen die „East Side Gallery" besteht, sind original, nicht jedoch ihre Bemalung. Denn die bekannten Mauergraffitis befanden sich ursprünglich nur auf der Westseite des Betonwalls. Im Frühjahr 1990 jedoch gestalteten über 100 Künstler aus verschiedenen Ländern die Ostseite der sogenannten Hinterlandmauer mit ihren Impressionen zu den Themen „Trennung" und „Einheit". Die über 1300 Meter lange „Galleriemauer" wurde im September eröffnet und ein Jahr später unter Denkmalschutz gestellt. Dieser größte und bekannteste Mauerabschnitt wird jährlich von etwa 500 000 Touristen besucht.

Ein schmales Band Eine Kupferplatte mit der Aufschrift „Berliner Mauer 1961–1989" markiert einen der Streckenabschnitte, auf denen einst die Mauer stand, die sich mitten durch Berlin zog. Nachdem die erste Euphorie über das Verschwinden der Mauer verflogen war, wollten immer mehr Berlinbesucher wissen, wo die Grenze zwischen Ost und West eigentlich verlaufen war. Der Berliner Senat entschloss sich daher in den 1990er-Jahren, den Grundriss der Mauer im Innenstadtbereich mit einem doppelten Band aus Pflastersteinen zu markieren, das in unregelmäßigen Abständen durch erläuternde Kupferplatten unterbrochen wird. 29 Infotafeln an bedeutsamen Standpunkten entlang des ehemaligen Mauerverlaufs bieten zusätzliche Hintergrundinformationen. Am Stadtrand führt ein Mauerradweg entlang der einstigen Grenze zwischen Westberlin und Brandenburg.

Platz der Vereinten Nationen
Good Bye, Lenin!

1991 Noch steht er – sowohl als Denkmal als auch als Name auf dem Straßenschild im Berliner Stadtteil Friedrichshain: der russische Revolutionsführer Lenin (1870–1924). Doch der Senat der wiedervereinigten Stadt Berlin hat bereits beschlossen, dass der Name und das 20 Meter hohe, von einem sowjetischen Künstler aus rotem ukrainischem Granit geschaffene Denkmal aus dem Viertel weichen müssen. Vor 1950 trug der Platz den Namen des ehemaligen Landsberger Stadttors, das sich einst an dieser Stelle befunden hatte. Dann benannte die DDR-Führung den Platz um und schrieb 1967 einen Wettbewerb zur Neugestaltung aus. Durch kreative Ideen für die in der DDR übliche Plattenbauweise sollte hier ein neues repräsentatives Zentrum entstehen. Insgesamt wurden über 1000 Wohnungen gebaut, nicht nur als hoch aufragende Wolkenkratzer, sondern auch in schlangenförmig gewundenen Gebäuden. Besonders attraktiv waren die Atelierwohnungen in den Obergeschossen mit viel Glas und Dachterrassen.

Neuer Anblick, neuer Name Trotz heftiger Proteste und teilweise sogar Blockadeaktionen einiger Bürger ist Lenin heute verschwunden. Der Abtransport des Kopfes der Statue ging sogar in den Spielfilm „Good Bye, Lenin!" (2003) ein. Seit 1992 trägt der Platz den Namen „Platz der Vereinten Nationen". Statt des Lenindenkmals wurde ein Brunnen mit großen Findlingen aus den verschiedensten Ländern geschaffen. Erhalten geblieben sind die Häuser rund um den Platz. Während anderswo die Plattenbauten abgerissen oder zumindest zurückgebaut wurden, steht das Ensemble am Platz der Vereinten Nationen unter Denkmalschutz.

Platz d. Vereinten Nationen
2 - 1
Lupenrein
Weiß
Gold 585
399,-
GALERIA

Prenzlauer Berg
Vom Gründerzeitviertel zum In-Bezirk

1992 Gründerzeithäuser, die zwar ein stilvolles Flair ausstrahlen, jedoch heruntergekommen und sanierungsbedürftig wirken: So präsentierte sich nach der deutschen Wiedervereinigung nicht nur die Stargarder Straße, sondern ein großer Teil des Prenzlauer Bergs. Der Leerstand war groß, da viele DDR-Bürger moderne Plattenbauten den maroden Altbauwohnungen vorgezogen hatten. Nach der Wende entdeckten jedoch viele junge Leute aus dem Westen den Prenzlauer Berg als interessante Wohngegend und nahmen im Gegenzug für billige Mieten und Freiräume zur Selbstverwirklichung auch Etagenklo und Kohleheizung in Kauf. Der Bezirk nördlich des Alexanderplatzes begann, Kreuzberg als angesagtestes Szeneviertel Berlins abzulösen. Gleichzeitig startete der Senat ein großes Sanierungsprogramm. Allein im Jahr 1992 flossen über 50 Millionen Euro an Fördermitteln in die Bausubstanz im Prenzlauer Berg.

Etablierte Alternativgesellschaft Heute ist die Sanierung im Prenzlauer Berg weitgehend abgeschlossen. Der Bezirk gehört immer noch zu den angesagten Gegenden Berlins; vor allem die Kastanien- und die Schönhauser Allee mit einer Vielzahl an kleinen Läden, Restaurants, Bars und Cafés sind beliebte Ausgehmeilen. Die Bevölkerungsstruktur hat sich jedoch gewandelt. Aus den jungen, vergleichsweise mittellosen Alternativen sind oft gut verdienende Akademiker mit Familie geworden. Für einen Innenstadtbezirk hat der Prenzlauer Berg daher eine hohe Geburtenrate und auch eine gute Infrastruktur in Sachen Kinderbetreuung. Dementsprechend hat sich auch das Aussehen des Viertels gewandelt und die ehemals sanierungsbedürftigen Altbauwohnungen erstrahlen heute in adretter Frische.

Marzahn

Dorf und Trabantenstadt

Um 1960 Zwar gehört der Ortsteil Marzahn in den 1960er-Jahren bereits seit 40 Jahren zu Berlin, doch die ländliche Idylle des ehemaligen Dorfes ist noch weitgehend erhalten geblieben. Mittelpunkt des kleinen Ortes ist die 1871 errichtete Kirche. Im Jahr 1300 war Marzahn, dessen Name sich wahrscheinlich vom slawischen Wort „marcana" (Sumpf) herleitet, erstmals urkundlich erwähnt worden. Während der Nazi-Zeit hatte man hier am Rande Berlins für die Regierung „missliebige Personen" wie Sinti und Roma sowie Zwangsarbeiter untergebracht. Die Marzahner Bauern wurden 1953 in der LPG „Neue Hoffnung" zusammengefasst, der ersten Landwirtschaftlichen Produktionsgenossenschaft auf dem Stadtgebiet Berlins.

Plattenbausiedlung mit historischem Kern Jahrzehnte später ist der Dorfkern von Marzahn zwar noch erhalten, jedoch von hohen Plattenbauten eingerahmt. Die DDR-Führung hatte 1971 ein groß angelegtes Programm gegen die Wohnungsnot beschlossen und sechs Jahre später damit begonnen, das Marzahner Gebiet systematisch mit Hochhäusern zu bebauen. Aus dem verschlafenen Dorf wurde damit der am stärksten mit Plattenbauten verdichtete Bezirk Berlins. Der Dorfkern wurde allerdings 1982 unter Denkmalschutz gestellt und restauriert und auch die historische Marzahner Bockwindmühle 1994 wieder aufgebaut. Nach der Wende begann man zudem, die Plattenbauten teilweise abzureißen oder um einige Stockwerke zu verkleinern und somit attraktiver zu gestalten.

Register